O PARADIGMA DA EDUCAÇÃO ...C O N T I N U A D A...

Autores

Emilio López-Barajas Zayas (org.). Catedrático em Fundamentos da Metodologia Científica, na Faculdade de Educação da Universidad Nacional de Educación a Distancia (UNED). Diretor do Mestrado em Formação de Educadores do curso de pós-graduação modular e virtual por meio da Plataforma WebCT da UNED. Membro da *European Society for Research on the Education of Adults* (ESREA), da *World Association for Educational Research* (WAER), da *American Educational Research Association* (AERA) e da *Philosophy of Education Society of Great Britain* (PESGB).

Isabel Maria Ortega Sánchez. Doutora em Ciências da Educação e licenciada na mesma titulação. Professora e pesquisadora no Departamento de Teoria da Educação e Pedagogia Social da Universidad Nacional de Educación a Distancia (UNED).

Maria del Carmem Ortega Navas. Doutora em Filosofia e Ciências da Educação pela Universidad Nacional de Educación a Distancia (UNED). Professora e pesquisadora no Departamento de Teoria da Educação e Pedagogia Social da UNED. Pesquisadora na área de Formação de Educadores e de Educação Continuada na Educação para a Saúde.

Maria José Albert Gómez. Doutora em Pedagogia pela Universidad Nacional de Educación a Distancia (UNED). Licenciada em Psicologia Industrial pela UNED. Professora Titular do Departamento de Teoria da Educação e Pedagogia Social da UNED.

P222 O paradigma da educação continuada / Emilio López-Barajas Zayas ... [et al.] ; tradução: Alexandre Salvaterra ; revisão técnica: José Fernando B. Lomônaco. – Porto Alegre : Penso, 2012.
176 p. : il. ; 23 cm.

ISBN 978-85-63899-79-8

1. Educação. 2. Educação continuada. I. López-Barajas Zayas, Emilio.

CDU 377

Catalogação na publicação: Ana Paula M. Magnus – CRB 10/2052

Emilio López-Barajas Zayas
(Organizador)

O PARADIGMA DA EDUCAÇÃO ...C O N T I N U A D A...

Tradução:
Alexandre Salvaterra

Consultoria, supervisão e revisão técnica desta obra:
José Fernando B. Lomônaco
Professor Associado (Livre-Docente) no Instituto de Psicologia da Universidade de São Paulo.
Membro Titular da Academia Paulista de Psicologia.

penso
2012

Obra originalmente publicada sob o título
El paradigma de la educación continua. Reto al siglo XXI
ISBN 9788427716018

Capa: *Ângela Brücker Fayet*

Ilustração da capa: ©*www.dreamstime.com-> Maksim Pasko: Fading into infinity*

Preparação do original: *Rafael Padilha Ferreira*

Coordenadora editorial: *Mônica Ballejo Canto*

Editora responsável por esta obra: *Lívia Allgayer Freitag*

Editoração eletrônica: *Formato Artes Gráficas*

Av. Jerônimo de Ornelas, 670 – Santana
90040-340 Porto Alegre RS
Fone (51) 3027-7000 Fax (51) 3027-7070

SÃO PAULO
Av. Embaixador Macedo Soares, 10.735 – Pavilhão 5 – Cond. Espace Center
Vila Anastácio – 05095-035 – São Paulo SP
Fone (11) 3665-1100 Fax (11) 3667-1333

SAC 0800 703-3444
IMPRESSO NO BRASIL
PRINTED IN BRAZIL

Sumário

Apresentação à edição brasileira

Numa era em que o mercado se torna cada vez mais globalizado, dinâmico e competitivo, a melhora da qualidade da formação educacional e profissional é essencial para qualquer sociedade. A necessidade crescente de que os cidadãos desenvolvam suas aptidões, habilidades e competências torna imperativa uma mudança nos processos de ensino-aprendizagem.

As rápidas mudanças tecnológicas por que vêm passando todas as sociedades modernas exige do homem moderno que se mantenha atualizado a fim de, não apenas poder conviver melhor no seu ambiente, mas também contribuir de forma produtiva para a melhoria da sociedade em que vive.

Assim sendo, a proposta de que o cidadão retorne às instituições escolares a fim de atualizar-se cultural e profissionalmente coloca-se não mais como uma mera opção individual, mas como um verdadeiro imperativo para todos aqueles que perseguem o seu desenvolvimento pessoal e o progresso da sociedade em que vivem.

Neste sentido, a educação continuada destaca-se como o instrumento por meio do qual os indivíduos buscam manter-se atualizados numa sociedade que muda muito mais rapidamente do que em décadas passadas. A educação ao longo da vida apresenta-se, assim, como um investimento no capital humano e como um recurso para a inclusão social dos cidadãos. Educadores, gestores educacionais e professores necessitam criar espaços de formação permanente para capacitar os cidadãos e contribuir para sua adaptação às diferentes transformações econômicas, profissionais, sociais, comunicativas e tecnológicas que caracterizam as sociedades desenvolvidas e em processo de desenvolvimento.

Nesta obra, organizada por López-Barajas Zayas, diferentes autores apresentam suas visões, experiências, propostas e até mesmo críticas sobre este tema. Conhecê-las, mormente num país como o nosso, que ainda necessita desenvolver muito seus recursos educacionais, é importante para todos aqueles interessados em educação de maneira geral e, mais especificamente, na educação continuada.

O leitor poderá estranhar que o tema tratado refira-se totalmente à realidade europeia, com suas declarações de intenções, leis, decretos, normas, programas e propostas voltados para as necessidades específicas de diferentes países europeus. Considerando-se, porém, a quase inexistência de programas de educação continuada em nossa realidade educacional, conhecer experiências inovadoras, que ao longo dos anos vêm se desenvolvendo e se aperfeiçoando em solo europeu, ainda que num nível de detalhe que contrasta com a de trabalhos similares, pode ser uma experiência enriquecedora. Saber o que deu e o que não deu certo nas propostas analisadas, seus pontos fortes e suas limitações, poderá constituir-se numa orientação segura sobre como desenvolver programas de educação continuada em nosso meio.

José Fernando B. Lomônaco

Professor Associado (Livre-Docente) no
Instituto de Psicologia da Universidade de São Paulo

Apresentação

O problema imposto pela educação continuada, no âmbito de uma antropologia profunda e essencial, no qual se aninham os valores substantivos além dos valores culturais, é a superação da unidade metodológica que a cultura dualista dominante ainda impõe, por meio de cada uma das vertentes modernas do positivismo e do idealismo. No texto que apresentamos, são analisadas, por um lado, como a finalidade da ciência moderna é a explicação dos fatos educacionais e, por outro, como a proposta idealista de compreensão interpretativa dos fenômenos educativos deve ser somada às propostas derivadas da intuição intelectual, próprias do método lógico-reflexivo. Do contrário, pela via experimental, somente seriam incluídos valores materiais, físicos; e, pela via dialética, seriam incorporados principalmente os valores relativos a cada contexto cultural e histórico.

Os valores materiais e culturais são muito importantes para a vida humana e social, mas não podemos esquecer que os valores em que estão as raízes da dignidade universal dos seres humanos não encontram seu fundamento na "experimentação" nem na "interpretação", uma vez que também são exigidas a dedução e a demonstração, já que esses valores de qualidade não são construídos, e sim descobertos na natureza humana.

A *inovação educacional*, por outro lado, enfatiza, na sociedade atual, que a educação e a aprendizagem contínua se ocupem das transformações tecnológicas, já que em muitos casos os estilos e as formas de vida dos cidadãos, inclusive na organização da produção e do trabalho, são frequentemente orientados pela moda do efêmero, especialmente nas sociedades modernas avançadas, já que o consumo e o preço são "motores" dinâmicos do progresso das mesmas.

Fala-se de *inovação tecnológica, científica, digital, empresarial, de produtos e serviços, educativa, etc.* A inovação prevalece neste contexto produtivo e, além disso, dado o caráter imanente dos valores predominantes no momento atual, torna-se necessário que, junto ao construcionismo tecnológico e das ideias, aos métodos de trabalho orientados para a competitividade na tecnologia, para um incremento da produtividade, e ao relativismo dos valores, se possam incorporar aqueles valores essenciais, buscando que o desafio da unificação europeia no ensino superior não seja somente para *a maior competência da ciência, da tecnologia e da cultura*, segundo estabelecido em Bolonha[*].

O planejamento das qualificações e das competências profissionais em cada país varia de acordo com as necessidades derivadas de sua cultura, história, demandas sociais, mudanças na economia e nos sistemas de produção de bens e serviços. A globalização da comunicação entre países tem crescido e melhorado na busca de medidas comuns, entre as quais estão o impulso de políticas e iniciativas de aprendizagem mais abertas e flexíveis que potencializem a competitividade, a mobilidade, a coesão e a inclusão social.

A melhoria da qualidade de formação é essencial para que a Europa se converta em uma sociedade mais competitiva e dinâmica, de acordo com o objetivo estabelecido na estratégia de Lisboa em março de 2000.[**] Isso implica a necessidade crescente de que os cidadãos sejam capazes de desenvolver suas próprias destrezas, habilidades e competências como pessoas, membros da sociedade e agentes sociais. Afinal, as pessoas que não estão preparadas para as mudanças têm maior risco de exclusão social do que aquelas que contam com qualificações adequadas.

No contexto global da educação como processo de formação ao longo da vida, devemos assumir e incorporar tanto o que se refere aos contextos educacionais formais como aos não formais e informais, fazendo com que as escolas e instituições profissionais deixem de ser o único

[*] N. de R.T.: A Declaração de Bolonha é um documento assinado conjuntamente, em 19 de junho de 1999, na cidade italiana de Bolonha, por 29 Ministros da Educação de países europeus, visando estabelecer um compromisso dos países signatários em promover reformas em seus sistemas de ensino superior. Nesta declaração é explicitamente reconhecido o papel da educação para o desenvolvimento sustentável de sociedades tolerantes e democráticas. Na verdade, embora a Declaração de Bolonha não seja um tratado, os governos dos países signatários comprometem-se a reorganizar os sistemas de ensino superior de seus países de acordo com os princípios dela constantes.

[**] N. de R.: Esta obra tem como base o contexto europeu. Exemplos, leis, decretos e demais aspectos aqui citados referem-se à realidade daquele continente.

lugar onde se possa adquirir e aperfeiçoar conhecimentos. Na sociedade atual, a globalização influencia o mercado mundial e os processos de ensino e aprendizagem. A exclusão social ou a pobreza reforçam a necessidade de educação ao longo da vida como um investimento no capital humano e como princípio ativo para a economia e a inclusão social dos cidadãos, o que exige o direito à educação para todos.

A globalização é um processo que está afetando diferentes grupos sociais, sendo sua influência distinta de um grupo para outro. Nesta ocasião, focaremos a globalização como abertura de mercados e de fronteiras de trabalho, como redução de tributos alfandegários e como políticas de emprego, ou seja, analisaremos como tudo isso afeta o trabalho, a formação profissional e, não nos esqueçamos, o desemprego. Tentaremos abordar a complexidade desse fenômeno e as posições contrárias a esse movimento.

Por fim, é preciso dizer que a educação continuada surge como necessidade da sociedade para adaptar-se aos novos modelos produtivos, econômicos, sociais e tecnológicos. Devemos criar espaços de formação permanente para capacitar a cidadania mediante novos modelos de formação; temos diante de nós um novo sistema de alfabetização que garante a adaptação a diferentes transformações na economia, no trabalho, na sociedade, nos meios de comunicação, nas mídias e, é claro, nos valores e direitos universais.

Emilio López-Barajas Zayas

1

Antropologia, epistemologia e inovação na educação permanente

Emilio López-Barajas Zayas

INTRODUÇÃO

As estratégias de educação permanente exigem o conhecimento próprio e dos aprendizes. O conhecimento da antropologia humana, o conhecimento de nossas possibilidades e limitações, é a reflexão principal que todo ser humano deve fazer sobre si mesmo. Talvez por isso o santuário helênico de Delfos, situado ao sopé do Parnaso, tenha sido regido pela frase "conheça a si mesmo" (*gnothi seauton*). A educação permanente do ser humano, para alcançar a felicidade que pode proporcionar, exige o conhecimento de sua biografia, sua etnia e sua cultura, mas também de seu ser. Tal aforismo não constituía apenas uma advertência para a valorização dos dons que os deuses haviam concedido ao homem, para a introspecção psicológica, para o conhecimento de sua aptidão artística, de sua natureza física, do grau de virtude para o justo ou prudente, um chamado a como ele poderia contribuir mais como cidadão, utilizando suas possibilidades reais para a construção da cidade; ele também era um clamor ao conhecimento da antropologia profunda, sobre "o que é" o ser humano.

Uma reflexão sobre a educação permanente e a epistemologia nos obriga a falar sobre o termo *episteme*, também de origem grega, é claro, que significava "a ciência" e, por derivação, temos "epistemologia". O vocábulo *gnosis* era empregado para designar o conhecimento em geral, por isso cabe diferenciar a epistemologia, o tratado sobre o conhecimento científico, da gnoseologia, que versará sobre o conhecimento em geral. O redutivismo cientificista introduzido pela Modernidade quanto à noção de ciência (somente é verdadeiro aquilo que está inserido na "ciência natural" ou, para sermos mais exatos, aquilo que foi submetido ao controle, ao contraste e à réplica) explica que, sob a perspectiva racionalista e idealista, a epistemologia pode ser entendida por alguns autores em um sentido mais amplo, mais qualitativo, embora também nesta forma esteja oculto o seu próprio redutivismo, dada sua natureza imanente, que prioriza o pensar sobre o ser.

Como consequência, para um experimentalista, a gnoseologia é a epistemologia, pela simples razão de que não há conhecimento mais autêntico do que o científico, sendo este entendido no sentido já assinalado. Assim, o projeto científico tenderá, seguindo o *modelo hipotético-dedutivo experimental*, às seguintes finalidades: a) otimizar a variância sistemática primária; b) minimizar a variância dos erros; e c) controlar a variância sistêmica secundária (a qual provém das chamadas "variáveis estranhas ou não intervenientes"). A lógica e a matemática, por outro lado, não serão "ciências reais", e sim, formais, que permitem um jogo decisivo na teorização e nos modos de formalização do saber.

Entre outras facetas do conhecimento, temos a educação ao longo da vida. Aqui é interessante lembrar que a inteligência humana é uma faculdade de estrutura racional, intencional e dialógica e, em virtude dessas características, ela tende a considerar verdadeiros os resultados de suas operações. A inteligência tende a confiar em si própria; ou seja, nós, as mulheres e os homens, tendemos a aceitar a validade de nossos próprios conceitos, ideias e conclusões. Nosso roteiro mental caracteriza-se em seu conjunto pela verossimilhança porque alcança uma crença ou um conteúdo verdadeiro, cuja evidência ou aparência o aproxima do "limite" daquilo que é reconhecido como o suficiente para o confundir com um conteúdo que não seja verdadeiro ou racionalmente justificado. Quando pensamos, facilmente nos encontramos subjugados pelas conclusões que aparecem ao final de nossos raciocínios. Por outro lado, a constatação de nossos erros intelectuais tem, de fato, algo de violento; normalmente admitir os próprios equívocos exige certo espaço de tempo, necessário para derrubar os argumentos e as comprovações que nos levaram a pensar desse modo equivocado e, para assimilar, posteriormente, as novas razões e conclusões que se moldam de modo mais exato à realidade (Borobia, 1998).

A educação permanente reconhece que a inteligência humana tende ao conhecimento de modo natural, embora esta frequentemente seja complacente com nossos próprios argumentos ou nossas explicações. O ser humano, cedo ou tarde, adota um entendimento unitário ou sistêmico do universo, do sentido de sua biografia, das características fundamentais da cultura, dos fatos do contexto histórico, a partir do "interior" de si próprio ou focado sob a ótica temporal, com uma perspectiva diferente daquela de nossa época. O que em muitos casos é inquestionável é a falibilidade, a limitação do conhecimento. Contudo, a tendência do pensamento humano à racionalização obriga a uma compreensão global do mundo, da própria vida e de seu desenvolvimento histórico e dinâmico e envolve necessariamente a resposta ao problema da origem do mundo e da própria existência pessoal. Junto a esse problema – algo também necessário – o homem precisa saber qual é o sentido do mundo e de sua própria finitude, algo que particularmente provoca ansiedade quando se trata de nossa própria existência (Borobia, 1998).

O discurso antropológico da educação continuada, considerado um tratado sistemático e sistêmico do estudo do homem enquanto humano, precisa da epistemologia para saber quais os limites do conhecimento humano. A antropologia busca diagramar, apoiada pela epistemologia, o lugar correspondente ao ser humano, dada sua natureza e estrutura ôntica e seu transcorrer evolutivo no "contexto do ecossistema próprio, em sua dinâmica de relação social, cultural, histórica, ecológica e cósmica com a comunidade humana e com os demais seres vivos". A tarefa exige que o homem seja situado em sua verdadeira natureza, com a maior segurança possível, em seu ambiente dinâmico, em sua relação com os demais seres vivos, com os demais seres conscientes, permitindo-lhe a vida em um desenvolvimento sustentável e verdadeiramente humano. A complexidade com a qual a inteligência "trabalha" para estabelecer os limites do conhecimento é notória, talvez por sua contingência e pelos diferentes paradigmas do discurso humano, ao menos nos últimos 200 anos.

O diálogo intelectual é produzido de muitas maneiras: a) na reflexão se dá certo diálogo da inteligência consigo mesma; b) no diálogo com os outros, por meio da linguagem; e c) no diálogo com os objetos do mundo (Buber, M., 1993). A dificuldade do processo intelectual, a probabilidade de erro em suas deduções ou intuições, não significa que o homem não possa conhecer o cosmos e o sentido da vida. Muito pelo contrário, o ser humano tem a necessidade de "acertar" o máximo possível, porque nessa mesma magnitude ele poderá organizar sua existência de modo estável.

A tendência natural do ser humano em geral e, de forma particular, do educador social, considerando o limite de seu conhecimento, significa afirmar a natureza da inteligência como instrumento adequado para a compreensão objetiva do mundo e da própria subjetividade. É possível e urgente para cada homem resgatar a confiança na inteligência humana e, desse modo, superar a incerteza vital dominante na atualidade.

Assim, nas circunstâncias atuais, este é o primeiro passo do conhecimento: saber que podemos saber, que "a estrutura interna da inteligência conduz à verdade objetiva sempre que se atendem as condições de uso da inteligência e elas estão dentro de seus próprios limites" (Borobia, 1998, p. 123). A ciência sempre se ocupou do "mundo visível", e a filosofia tratou de compreender o "mundo invisível". Nas origens de nossa cultura, essa diferença era, em geral, clara, cada modalidade de conhecimento possuía seu próprio "campo de estudo". O dualismo antropológico leva ao confronto quando se estabelece, como tem ocorrido historicamente, pela via metodológica, ou, mais exatamente, entre o mundo visível e o invisível e, ao mesmo tempo, pela construção de "muros" entre a ciência e a não ciência.

A educação permanente adverte que as vertentes da antropologia, derivadas dos pressupostos epistemológicos e gnoseológicos, têm favorecido vários saberes: a física inscrita na biologia (de natureza ecológica); a antropologia étnica-cultural (que pode ser catalogada na sociologia); e, por último, a antropologia filosófica, que elabora esse saber das categorias profundas do ser humano, por meio da reflexão e da lógica universais.

Somente podemos falar de liberdade, justiça, solidariedade, etc., se admitimos saberes que não são exclusivamente científicos. Os conhecimentos biológicos, físicos, históricos e culturais nos ajudam a conhecer "quem é o ser humano", enquanto o saber filosófico (transcendente antologicamente) nos permite aprofundar naquilo "que o homem é". A razão instrumental (empírica-experimental) científica é necessária para o aprofundamento do conhecimento biológico, ecológico e étnico da vida humana, mas a razão universal é imprescindível para estabelecer as dimensões fundamentais da dignidade humana (os direitos universais).

Não obstante, a metodologia científica é o procedimento adequado; ela é uma "ferramenta" da educação permanente para aprofundar os conhecimentos biológicos, psicológicos e sociais da vida humana, embora "não se possa ir ao noúmeno do homem – ao que ele seria além dos fenômenos – por meio de nenhuma prova" (Fullat, O., 1997). Entretanto, a cultura dominante é naturalista nesse sentido. Certamente o naturalismo tem ocupado uma posição cada vez mais destacada na cultura contemporânea, seja porque se recusa a abordar os problemas metafísicos, seja porque pretende responder a esses problemas mediante a ciência. Fala-se de "autocriação" do universo, de acordo com as leis físicas, a partir de uma flutuação do vazio quântico, ainda que esse, como se adverte, não seja o nada (Artigas, M., 1998, p. 25).

O SENTIDO DA ANTROPOLOGIA

O ser humano, para o pensamento clássico, surge na existência de modo precário. Ele chega ao cenário da vida em uma pobreza extrema; sua anatomia e fisiologia apresentam grandes carências para a adaptação ao meio ambiente no qual terá de escrever sua biografia. Ainda assim, o genótipo é obrigado a dar respostas adequadas à espécie, para que ela não acabe por desaparecer. A imperfeição de sua inteligência não impede que o homem tenha sido dotado de qualidades divinas. Ele não é um deus, mas apresenta alguns lampejos divinos.

Voltemo-nos à nossa cultura atual, com o objetivo de poder caracterizar a antropologia própria da educação permanente no âmbito do discurso epistemológico. Quando estudamos a história dos animais – a filogênese das espécies vivas – comprovamos que, talvez ao longo de um extenso período de tempo, todas elas mostram mudanças notáveis. Contudo, isso não ocorre com a espécie humana. Não é que ela não tenha sofrido modificações, que não tenha evoluído nada, mas, quando a comparamos com o resto da escala zoológica, ela evoluiu pouquíssimo, ao menos quando nos atemos aos dados fósseis que temos de espécimes da raça humana há vários milhares de anos. É isso que Gehlen busca assinalar com relação à imperfeição biológica (Barrio, 1998, p. 96). O problema continua sendo se a inteligência humana pode conhecer a verdade.

Na obra *Crítica da Razão Pura* (*Kritik der reinen Vernunft*), Kant tentou estabelecer os limites do poder da razão humana para alcançar o conhecimento, atividade para a qual teve de empregar a própria razão. Algo aparentemente contraditório é o fato de que somente a razão pode averiguar no que consiste a razão. "Dá a impressão de que nos encontramos diante de um réu que se converte altivamente em juiz de si próprio" (Fullat, O., 1997).

Normalmente, ao longo do tempo, a análise desta questão fica nas mãos dos especialistas na Teoria do Conhecimento, dos filósofos ou, mais recentemente, dos cientistas, quando a ciência, perante as polêmicas da filosofia, tenta se erguer, como já assinalamos, como o lugar por excelência da verdade e da sabedoria. Hoje essa mesma questão está nas ruas, ela afeta as pessoas comuns na vida cotidiana de modo particularmente incisivo. Há décadas entramos em uma época de ceticismo, de insegurança sobre o alcance e o valor real daquilo que sabemos. O relativismo gnoseológico e as consequências deste sobre o ceticismo, o relativismo sociológico e cultural, a ética, o historicismo, o subjetivismo, já são maneiras habituais de abordar intelectualmente as questões mais banais. Além do conhecimento científico e filosófico, o mesmo conhecimento natural tem sido posto em dúvida em relação àqueles conteúdos sobre os quais realmente podemos ter certeza (Borobia, 1998). Parece claro que o cenário da antropologia esteja previamente condicionado por outro: a própria possibilidade do conhecimento e o instrumento metodológico que legitime suas evidências, inferências e conclusões. É aparentemente contraditório que os defensores de um conhecimento relativo ou subjetivo, apesar de tudo, impeçam ou censurem a utilização de instrumentos lógicos, reflexivos, que não sejam o contraste e a réplica, a análise dialética ou a interpretação abrangente.

Consequentemente, não basta saber "quem é o homem" sem que respondamos previa ou concomitantemente à pergunta sobre "o que é o homem". O conhecimento antropológico daquilo que é individual, biográfico, não deve ser contraposto às características comuns da espécie.

Buscando evitar divagações, a educação permanente deve se fazer a seguinte pergunta: "O que é a existência humana? A pergunta sobre "o que é" refere-se à essência das coisas e é respondida por meio de uma definição essencial. O Imanentismo moderno encontrou dificuldades irremediáveis por priorizar o pensar em relação ao ser, e, posteriormente, em virtude de seu preconceito fenomênico, ou seja, quanto à natureza da percepção. A educação permanente, portanto, sugere que uma definição descritiva, não sobre a essência, seria insuficiente inclusive para a ciência, porque seriam anunciadas apenas as características extrínsecas, algo que remeteria a experiências sensoriais imediatas, de caráter fenomênico. Além disso, os conceitos mais elevados, os quais são necessários "para entender as formas superiores da realidade (finalidade, sentido, forma, estrutura, organização, função, relação, etc.), remetem à própria existência interna de nosso espírito" (Lorda, 1998, p. 167). Muitas pessoas que não hesitariam em afirmar que, de um ponto de vista teórico, um homem é definitivamente um conjunto de células ou um punhado de matéria organizada, mantêm, contudo, sua sensibilidade moral (Lorda, 1998, p. 200), ética que seria relativa à etnia e ao momento histórico, o que levaria a justificar qualquer fato social, qualquer comportamento político, qualquer partido político fascista ou integrista que subisse ao poder por meio das urnas, cuja memória nefasta não pertence somente aos alemães, mas ao mundo todo.

O positivismo e o neopositivismo parecem ter saído de moda. Ainda que muitas das explicações que eles propunham tenham sido criticadas de maneira devastadora e sua insuficiência tenha ficado evidente, suas teses básicas não apenas sobreviveram como também adquiriram uma força de persuasão que sequer é discutida, embora condicionem em grande parte as ideias atuais. Trata-se de um novo caso de "reinar depois da morte" (Artigas, M., 1998). É verdade que novas esperanças se abrem no horizonte da inteligência humana. Até mesmo a antropologia biológica cada vez mais concorda com a afirmação de que no caso do homem não se pode falar propriamente de instintos, devido à extrema complexidade da maioria de seus comportamentos, uma vez que é típico que os instintos deem lugar a comportamentos fixos, a reações estereotipadas, que ocorrem sempre da mesma maneira. (Barrio, 1998, p. 91). Consideramos que, dessa forma, cabe falar de instintos no ser humano, e é patente a "contradição do coração humano" que os seres humanos protagonizam; eles precisam da razão para orientar seus impulsos ou suas tendências de maneira inteligente, para uma vida feliz e plena.

A etologia animal tem como objeto principal o estudo empírico de comportamentos estáveis, mas, sem dúvida, ela faz alusão não apenas à origem desses comportamentos, mas também aos códigos que invariavelmente são transmitidos com as gerações; a informação genética com a qual cada indivíduo vem ao mundo é a chave principal para conhecê-lo e, por meio dela, conhecer toda a espécie a qual ele pertence. As variações individuais em animais e vegetais jamais são suficientes para justificar algum tipo de iniciativa (Barrio, 1998, p. 91). A sensibilidade da ciência, em sua vertente positiva, tem assinalado a importância de não desconsiderar a informação genética que cada indivíduo traz consigo. Isso não significa que o homem, ao contrário, possa ser reduzido àquilo que dele sabemos graças aos conhecimentos da biologia. Não há dúvida de que esses conhecimentos contribuem com fatos substanciais sobre o que é o homem, mas o mais importante não é o que já veio com ele, e sim aquilo que ele dá a si próprio (Barrio, 1998). A história humana é a história do conjunto de biografias humanas e das etnografias dos povos, enquanto a "história animal" é apenas a descrição filogenética das espécies, nunca dos indivíduos.

A educação permanente considera que a natureza humana é uma base de comportamentos, mas não uma base de comportamentos fixos. Em todos os casos, os instintos humanos – insistimos – estão cheios de racionalidade. O modo de ser racional dos seres humanos não é acidental, acessório. Do ponto de vista meramente biológico e seguindo a árvore de dependências filogenéticas que também dão lugar a relações de tipo morfológico, o homem pode ser classificado, como se pode ler em qualquer tratado de zoologia, no grupo dos vertebrados superiores, entre a classe dos mamíferos e, em particular, na ordem dos primatas. A ordem dos primatas, que é o ápice do reino animal, compreende as diferentes espécies daqueles animais que geralmente chamamos de macacos, agrupados em diversas famílias. Entre as famílias superiores, duas se destacam: a família dos pongídeos ou antropomorfos, com apenas quatro espécies (gorila, chimpanzé, orangotango e gibão, embora às vezes esta última espécie seja considerada uma família à parte); e a família dos hominídeos, com apenas uma espécie, que é o homem moderno.

Esta classificação tradicional pode ser considerada estável (Lorda, 1998, p. 168). A diferença específica é a alma racional, a inteligência, a linguagem (*Homo sapiens*),

> embora atualmente ela seja reservada para a forma atual da espécie, e não para aquelas que são consideradas anteriores (*Homo habilis*, *Homo erectus*). A questão é problemática e não pode ser encerrada com tanta rapidez. Além dos aspectos morfológicos similares, a chave para a identificação de restos fósseis como próprios da espécie humana são os vestígios culturais, que também são muito fragmentados. Quando recuamos no tempo, observamos que os vestígios são cada vez menores e aqueles que conservamos dos "homens" mais antigos (*Homo habilis*) são pouco mais do que pedras levemente trabalhadas e modificadas. Também se nota que hoje alguns primatas (como os chimpanzés) são capazes de preparar e utilizar pequenos instrumentos de maneira muito rudimentar (há chimpanzés, por exemplo, que enfiam varetas em formigueiros para se alimentar). Efetivamente, quando essa questão é levada ao limite, ela não é nada fácil.
>
> Os meios que temos para visitar esse passado remoto são muito tênues e nada nos dizem sobre o modo de pensar e se comportar daqueles seres que há dois ou três milhões de anos afilaram levemente algumas pedras, razão pela qual não somos capazes de medir o alcance efetivo de tal gesto (Lorda, 1998).

Podemos deduzir que o homem de Neanderthal era inteligente, "graças a traços culturais evidentes (assentamentos, domínio do fogo, ferramentas); mas isso somente nos leva a 150 mil anos atrás e atualmente há vestígios datados de espécimes de *Homo habilis* de até 2 milhões e meio de idade" (Lorda, 1998). A natureza do processo pelo qual surgem ou sobrevivem as características humanas é um importante desafio para a ciência histórica, pela simples razão de que não há um controle sobre os fatos. A qualidade do conhecimento científico é determinada principalmente por meio do controle da variação sistemática secundária, ou seja, o controle das variáveis estranhas, segundo assinalamos anteriormente.

PROGRESSO, CIÊNCIA E ANTROPOLOGIA

A explicação e a compreensão devem ser somadas às propostas derivadas da intuição intelectual, própria do método lógico reflexivo. Do contrário, pela via experimental, somente seriam considerados valores materiais, físicos; e, pela via do idealismo, somente seriam incorporados valores relativos a cada contexto cultural e histórico. Os valores materiais e culturais são muito importantes, mas os valores que reconhecem a dignidade universal dos seres humanos não se sujeitam a "experiências" ou "interpretações", apenas são deduzidos e demonstrados.

Paradoxalmente, o progresso, entendido "sob a vigilância" da ciência, não tem estado ciente das limitações naturais ao método experimental. Em suma, ele não aceitou nem reconheceu seus próprios limites até chegar ao neopositivismo. Os agentes sociais que não têm consciência dessas carências atuam com a ignorância agressiva que caracteriza o desconhecimento da natureza da ciência moderna. A ciência não encontrará aquilo que sua metodologia não lhe permite. Ao final, o que se julga racionalmente crível deve ser relacionado a perguntas sobre aquilo que existe. A racionalidade e a realidade são conceitos estreitamente relacionados. Não é racional crer naquilo que sabemos que não é real. Por outro lado, não devemos necessariamente esperar que a realidade se ajuste aos nossos preconceitos sobre a racionalidade, especialmente se eles são produto do método científico (Trigg, R., 1998). O empirismo justamente mostrou sua força por meio da contundência dos supostos teóricos que tratavam de justificá-lo; a raiz epistemológica do problema foi a identificação do real somente com o mundo do visível, a partir da descrição empírica ou da explicação experimental.

O conhecimento da educação, do processo de aprendizagem, é a condição de todo nosso saber e, portanto, é a condição da eficácia de nossas decisões, da orientação que damos à nossa existência individual e ao progresso temporal da sociedade. As diferentes respostas – e essa é a problemática – a essa incógnita vêm marcando cada um dos momentos históricos (Borobia,

1998). O mundo ilustrado, no plano do conhecimento, é gerado nos pressupostos básicos do empirismo e do racionalismo, e, mais tarde, do positivismo e do idealismo, respectivamente. A atual organização tecnocientífica se origina principalmente da ciência. Isso dá lugar a um repertório variado de redutivismos: o homem reduzido, para alguns, à realidade física, para outros, à genética, à fisiologia (neurologia, etc.) ou a padrões de comportamento (também, de modos distintos, aos condicionamentos do subconsciente); e não são poucos aqueles que reduzem o homem aos condicionamentos do tipo social ou às estruturas da linguagem (Lorda, 1998, p. 175). O ser humano se constitui nessas diferentes dimensões, mas o "todo" do homem é algo mais do que a soma de suas partes. Por outro lado, o relativismo gnoseológico, derivado do imanentismo moderno, dá origem ao relativismo cultural e ético dos valores e da vida humana em geral.

A educação permanente deve reconhecer que o conhecimento moderno da evolução, em todos os níveis da realidade física, introduziu algumas mudanças de método, como a substituições das comparações de tipo morfológico, descritivas, pelas relações de tipo filogenético, ou seja, de procedência. Contudo, não podemos nos esquecer de que o controle experimental não é forte, pela simples razão de que os fatos ocorreram há muito tempo e os vestígios são escassos e fracos, como um osso ou um pedaço de crânio. Um ser já não é definido somente por sua forma e composição – que seria uma descrição, isto é, uma explicação insuficiente – mas também por sua "história" e pelas relações delas advindas. De fato (salvo curiosas exceções), descobriu-se que as semelhanças morfológicas dos seres vivos (anatômicas, fisiológicas, funcionais) dependem de parentescos na escala evolutiva (Lorda, 1998, p. 167-68). As semelhanças ainda são, por definição, principalmente descritivas. Todavia, essa mudança é somente na interpretação, de certa maneira continuamos com o cientificismo. O homem é o último (ou o primeiro, conforme o enfoque) elo de uma evolução radical. O acaso pode ter sido decisivo, mas o que esse fato significava? A consideração da "ordem" da evolução, um projeto em potencial desde sua origem, pode nos fazer pensar que seja um plano divino. Quem pode afirmar que esse processo possa ser explicado em todas suas causas e negar esta "variável independente" ou "estranha" que deveria acontecer, em termos de probabilidade? Tem ficado evidente

> que o acaso desempenha um importante papel na teoria de Darwin. Porém, de modo algum parece ser mais fácil conceber a evolução como a maneira divina de alcançar os objetivos celestiais, quando a própria evo-

> lução é entendida como um processo cuja forma geral seria predeterminada e, portanto, poderíamos ter certeza de que se levaria adiante o plano divino (McMullin, E., 1998, p. 227).

Além disso, são mais de 600 as espécies já desaparecidas com as quais não há "elos". A origem da evolução jamais poderá ser explicada em sentido estrito, visto que isso supõe o estabelecimento de causas e efeitos, e este último processo exige o controle direto sobre as variáveis intervenientes.

A importância do meio e a adaptação dos seres vivos a ele é lugar-comum nas primeiras bases teóricas da evolução;

> poucos filósofos evolucionistas foram tão claramente ontogenéticos[1] em sua compreensão do processo da evolução. Entretanto, os filósofos, assim como os físicos e geólogos que calculam a probabilidade de vida inteligente no universo, em geral tendem a considerar, mais do que os biólogos, a operação da evolução em termos de uma lei, de uma força análoga à da gravidade de Newton, que incessantemente modifica o acervo genético para criar organismos cada vez mais complexos. Usando-se essa interpretação, a teoria evolucionista se converte em um recurso para a previsão, e não somente em uma explicação para o desaparecimento das formas vivas de outrora (McMullin, E.).

O acaso, por outro lado, tem conseguido influenciar a genética dos seres vivos, mas não como o único pressuposto de que as mutações do DNA constituam a única fonte possível de transformações no texto genético. Sendo esse o único depositário das estruturas hereditárias do organismo, não se conclui necessariamente que apenas o acaso está na raiz de toda inovação, de toda criação na biosfera. Não é plausível que a pura sorte, absolutamente livre, mas cega, seja a raiz central do fabuloso edifício da evolução: esse conceito central da biologia moderna é apenas uma entre várias hipóteses possíveis ou concebíveis. Contudo, hoje ela se tornou a única hipótese concebível. É o acaso, racionalmente, deixando de lado tecnicismos linguísticos ou mecânicos, que pressupõe o respeito à clássica providência divina? Temos de levar em conta que o acaso não gera uma realidade desordenada em termos de probabilidade.

Stephen Jay Gould (1941-2002)[2] opta por uma linha muito mais forte ao considerar os riscos das mudanças evolutivas. Ele não aceita nenhum "curso ascendente", "tendência" ou previsibilidade, mesmo do tipo mais modesto. Ele também não enfatiza o fortuito nem as mutações que contribuem com o material para a seleção natural ou a dispersão genética das populações originais. De fato, ele enfatiza a falta, em geral, da relação entre as linhas múltiplas de causalidade que afetam os acontecimentos históricos singulares, como as mudanças na composição genética de uma população (McMullin, E., 1998, p. 232). Por exemplo, a extremidade pentadáctila que compartilhamos com tantas outras espécies de mamíferos "simplesmente é um fato". Tal fato não deve ser considerado como uma prova de que nossas cinco extremidades tenham sido favorecidas intrinsecamente pela adaptação, em vez dos outros números possíveis de dedos – na verdade, os primeiros quadrúpedes tinham sete ou oito dedos. Frente ao gradualismo da versão tradicional darwiniana do funcionamento da seleção natural, defende-se, ao contrário, "um equilíbrio pontual" por meio do qual longos períodos de estabilidade, nos quais as espécies permaneceram mais ou menos imutáveis, alternando-se com momentos de especiação relativamente repentina (Gould, 1989, p. 318). A ciência muda seus enunciados. O neopositivismo afirma a incerteza do estabelecido cientificamente – as conclusões já nem sempre são fixas, e sim estocásticas ou probabilísticas.

As dúvidas sobre se seria possível, mais uma vez, sair da evolução algo como o *Homo sapiens* nos levam a não estar seguros da improbabilidade de aparição da inteligência por este caminho "científico". Não obstante, como os dados paleontológicos e geológicos são avaliados cada vez mais detalhadamente e os mecanismos genéticos são mais bem entendidos, o caráter frágil da sequência de efeitos causais que conduziu à aparição dos seres humanos se torna mais evidente (McMullin, E., 1998, p. 236). Caso contrário, a pergunta plausível seria: como surgiu a inteligência humana?

A RACIONALIDADE LÓGICA E SIGNIFICATIVA

Um programa de educação permanente não renuncia à racionalidade lógica, pois é um modo intrínseco das operações intelectuais e, ao mesmo tempo, deve-se dizer que esse caráter de nosso entendimento não garante que suas conclusões sejam verdadeiras em seu sentido mais genuíno: a verdade é algo mais do que a coerência interna do pensamento humano (Borobia, 1998, p. 118). A "razão instrumental", científica, continua sendo insuficiente como já ocorria na Grécia clássica. O ser humano necessita da "razão universal", da lógica reflexiva. Ao menos quando se trata do saber antropológico, devemos estabelecer a diferenciação epistemológica entre os significados de certeza, evidência e crença.

A certeza é um estado mental subjetivo,

> que está unido aos conteúdos objetivos daquilo que sabemos. Não dizemos que sabemos aquilo que nos parece ser duvidoso ou simplesmente possível, provável ou incerto. As afirmações feitas nesses casos são conjecturas, suposições que podem ser posteriormente desmentidas. O saber está geralmente associado à certeza subjetiva: saber significa conhecer algo e, por sua vez, estar seguro, certo de que verdadeiramente se conhece aquilo. Ainda assim, a certeza subjetiva não é motivo suficiente para garantir que aquilo que sabemos seja efetivamente verdadeiro (Borobia, 1998).

Sem dúvida, com frequência o ser humano atua com certezas, mas seu coração anseia por aquilo que é verdadeiramente objetivo. Recordamos aquele verso do poeta: “não quero a tua verdade, guarda-a”.

O homem anseia pela evidência da verdade. Essa evidência, que poderíamos chamar de natural,

> é muito diversa da simples evidência lógica, como ocorre quando entendemos que A é A, que A não é B ou mesmo que A é o não B,[...] porque na evidência lógica não há um salto entre o conhecido e o real. Os problemas sobre o conhecimento ulteriores a este são mais simples e dependem do fato de admitirmos ou não essa capacidade misteriosa de alcançar o real nesse primeiro momento da evidência; esse tipo de evidência não pode ser reduzido a qualquer outro dos modos de operação da inteligência. O conhecimento somente pode ser explicado se aceitarmos que a inteligência possui tal capacidade. Aceitar significa admitir algo como uma evidência prévia ou, se preferirmos, acreditar naquilo, ainda que neste caso não se trate de acreditar em outro, mas de acreditar em si próprio (Borobia, 1998, p. 124-25).

A afirmação é da “inteligência instrumental” e da “inteligência universal”.

A evidência sobre o mundo ou sobre a própria vida leva à certeza, que acompanha aquilo que é evidente. A condição para que esse efeito se dê é que a evidência seja compreendida como tal (Millán Puelles, 1990). Porém, o contrário não ocorre: a certeza subjetiva nem sempre pode ser evidente. A contingência humana, a insuficiência de sua natureza no momento de iluminar-se e deslumbrar-se no início de sua existência e, vários anos depois (ou mesmo ao longo de toda sua vida), faz com que a inteligência não capte o evidente, se ele estiver nos limites do conhecimento. A falta de evidência obriga a inteligência a operar, e essas operações levam facilmente a esquecer as evidências já alcançadas. Dessa maneira, na vida cotidiana real, demasiadas vezes esquecemos de nos deter ao conteúdo de aspectos óbvios da realidade, mas que são essenciais para nossa vida, como, por exemplo, as relações familiares ou de amizade, a presença do mundo da natureza, os desejos naturais do homem, etc.

Essas e outras facetas da vida humana estão presentes com tanta clareza perante nosso conhecimento que também demasiadas vezes somente chegamos a notá-las quando elas se modificam ou são destruídas (Borobia, 1998, p. 126). Talvez seja esta a razão pela qual tais facetas sejam as mais repetidas e de certa maneira se tornem "clássicas". A evidência necessita, de qualquer modo, ser objeto da reflexão para atrair a atenção da inteligência. A reflexão sobre esse tipo de verdade constitui uma parte importante daquilo que se entende como atitude contemplativa; a contemplação é necessária para esgotar o conteúdo e o significado interno dessas afirmações e, sem ela, as verdades evidentes ficam reduzidas a premissas implícitas nas análises e nas atuações posteriores e podem ser facilmente negadas ou omitidas. Esquecer ou ignorar esse conjunto de verdades evidentes para cada homem, em virtude de seu caráter imediato, significa sair do terreno firme das certezas das evidências e adentrar o território das verdades possíveis. Essa certeza é o fundamento das descobertas e análises posteriores, e quanto mais ampla ela for, maiores serão as fronteiras que podem se abrir para outros campos do conhecimento. Saber, nesse sentido, significa contemplar. O homem sábio é, ainda que não se limite a somente isso, o homem contemplativo, aquele que sabe, que saboreia o que já conhece, que aprofunda e imerge nas verdades já evidentes (Borobia, 1998).

O caminho até a sabedoria é a "razão universal", antes de tudo. Junto com a certeza e a evidência está a crença. A crença é uma das formas de funcionamento da inteligência. Os burros, por exemplo, não acreditam. Até mesmo na ciência a crença é necessária. Sem ela,

> a aquisição de conhecimentos seria um penoso partir do zero, desde a descoberta do fogo ou da invenção da roda, para ir somando pouco a pouco pequenas descobertas; graças à crença o pensamento humano tem um crescimento exponencial. Ser racional é exatamente acreditar naqueles que sabem mais do que nós, crer naqueles que sabem coisas que não temos como saber; ou, vendo por outro lado, é irracional, não é razoável, tentar saber com evidências aquilo que, por exemplo, alguém nos diz so-

bre sua própria interioridade, a qual, por definição, é impossível de ser experimentada por nós (Borobia, 1998, p. 129).

Para os educadores sociais, o modelo hipotético dedutivo e experimental é um bom exemplo de crença na ciência. O modelo científico exige a verificação. A hipótese nula (H_0) é formulada de forma negativa. No entanto, a crença deve ser razoável, embora nem sempre isso ocorra. A crença deve ser fundamentada. Carecem desse fundamento, por exemplo,

> aquelas crenças que procedem de inclinações, hábitos, conceitos recebidos passivamente e, apesar de tudo, assimilados como próprios[...] que estão enraizados no próprio caráter e que nos levam a aceitar como algo real o que não é, ou a negar o que de fato é real[...]; o caráter é formado pelos condicionantes biológicos, pelos hábitos adquiridos, pela recepção puramente passiva das ideias e dos impulsos que não são recebidos de modo consciente, mas que se fazem presentes na subjetividade, etc. Daí que, devido ao nosso caráter, tendemos a interpretar a realidade de maneiras determinadas e em certas ocasiões formamos juízos não racionais sobre essa realidade (Borobia, 1998, p. 130).

A psicologia moderna, também devemos dizer, contribui com elementos de conhecimento muito importantes para uma melhor compreensão da antropologia.

A carência do ser humano ao nascer – e, me atreveria a dizer, durante toda sua vida – faz com que a educação seja extremamente necessária: parece claro que a educação, na formação do caráter, adquire uma importância relevante para a transmissão cultural que recebemos desde a infância.

As primeiras crenças têm uma firmeza particular no homem. Elas são para ele um conjunto de posições que, ainda que não discutidas, formam uma estrutura profunda sobre a qual ele progredirá intelectualmente. As atitudes radicais também têm origem nessas primeiras etapas da vida. Delas procedem, em certos casos, algumas ansiedades, escrúpulos, medos... ou mesmo impulsos, objetivos vitais, convicções... que nos levam a crer em determinadas coisas e a não acreditar em outras ou ignorá-las, deixando de lado sua real validade.

Esse tipo de crença procede, em parte, do patrimônio cultural recebido não conscientemente durante a infância ou, em menor medida, também na maturidade; são categorias mentais profundamente assimiladas, que nunca são postas em dúvida por meio do contraste com outras posições distintas e que permanecem inalteradas com o transcurso do tempo (Borobia, 1998). A socialização primária é decisiva. Muitos dos males sociais têm suas raízes nos períodos de formação da infância e da adolescência.

A cultura também propõe ao grupo étnico comportamentos que não são racionais. Algumas das festas locais, em suas formas de manifestação, deixam muito a desejar em um mundo inteligente. De maneira similar, também carecem de fundamento racional algumas proposições da sociedade na qual nos inserimos. A crença na cultura tem seu fundamento racional no consenso social da maioria. Ela não é, de forma alguma, um fundamento racional suficiente, porque as tradições culturais com frequência se chocam com certezas pessoais e evidentes; isto é, em certas ocasiões, constatamos que as propostas ou os estados coletivos de opinião contradizem verdades racionalmente evidentes. A dimensão cultural da inteligência nos leva naturalmente a aceitar essas propostas contra a própria razão. No processo cultural de contraste com o pensamento de outros, ao ratificar os próprios juízos, ao observar as coincidências, ao retificar progressivamente nossas conclusões pessoais, etc., podemos encontrar-nos crendo de modo irracional.

Como fica evidente no estudo da história e da sociologia, em geral, as propostas da cultura tendem a se impor sobre os ditames da razão dos indivíduos particulares (Borobia, 1998, p. 131). A educação permanente encontra nesta problemática um campo apropriado para o estabelecimento de objetivos específicos para a formação que contribuem para o progresso individual e coletivo. Os estudos multiculturais e interculturais, hoje em dia tão necessários, devem ser orientados nesse sentido, sublinhando os aspectos positivos e melhorando os que precisam ser aprimorados.

Uma terceira fonte de crenças irracionais, a qual já nos referimos indiretamente, reside no funcionamento da razão movido principalmente pelas paixões, emoções ou decisões da vontade. Acreditar que algo é dessa ou de outra maneira significa, em certas ocasiões, querer que aquilo seja exatamente assim. Esse modo de proceder é razoável quando a realidade depende do livre arbítrio; por outro lado, não é correto quando julgamos elementos que têm outras causas ou circunstâncias alheias à própria liberdade (Borobia, 1998). A crença é um consentimento da vontade, a aceitação daquilo que não é evidente para a própria inteligência (inclusive pode ser contrário às evidências), racionalmente dedutível mediante a razão universal. A verdadeira crença não é um consentimento cego.

Uma quarta fonte de crenças se origina na crença da infalibilidade do conhecimento científico, ao qual de certo modo já aludimos. As discrepâncias entre os filósofos da ciência se referem ao valor das teorias científicas. Muitos afirmam que jamais é possível demonstrar com certeza total a verdade de qualquer teoria e, portanto, que todas as teorias são provisórias e podem ser revisadas; mais ainda, tais pessoas consideram que essa valoração corresponde a uma postura estritamente científica e que deveria ser admitida também em outros intentos cognitivos. Já outros atribuem à verdade uma função mais secundária, pois afirmam que as teorias são paradigmas admitidos por sua fecundidade, mas que são substituídas por outras sem que se possa fazer uma comparação estritamente racional entre os novos paradigmas e os antigos, já que corresponderiam a pontos de vista incomensuráveis (Artigas, M., 1998).

O contexto da educação continuada leva em conta que o conhecimento científico, parafraseando Popper, é provisório para sempre. Em suma,

> a crença exige a razoabilidade daquilo que deve ser acreditado. Aquilo no qual cremos precisa ser razoável; é muito difícil acreditar no inverossímil, e é impossível acreditar no que contradiz a razão, no que se vê com evidência. O inverossímil, para tornar-se crível de algum modo, deve aparentar certa razoabilidade, a fim de que possamos confiar nele. O contraditório, por outro lado, não pode ser acreditado em caso algum; seria um comportamento não humano, que danificaria nossa personalidade ao violentar nossa inteligência (Borobia, 1998, p. 133).

A razão sempre exigiu objetividade e universalidade. Ela não é um instrumento de práticas locais. A ciência necessita muito de um fundamento filosófico (Trigg, R., 1993). Não podemos simplesmente fazer ciência sem nos preocuparmos com a fonte dos pressupostos filosóficos que devem ser aceitos para isso. Os pragmatistas, que desejam começar de onde já estamos, ainda não conseguiram explicar por que estamos em nosso estado de conhecimento científico atual e por que ele deve ser considerado confiável. A racionalidade exemplificada pelo próprio método científico parece apoiar-se na racionalidade metafísica mais básica que mostra a ordem inerente das coisas (Trigg, R., 1998). A racionalidade da "razão instrumental" é obtida por meio da estrutura racional subjacente ao mundo físico, a racionalidade da "razão universal" da estrutura intrínseca ao próprio objeto de conhecimento. Ambas estão inseridas na realidade.

OS PARADIGMAS CIENTÍFICOS E A EPISTEMOLOGIA MODERNA

Os pesquisadores e inovadores devem saber que o termo paradigma procede da palavra grega παράδειγμα (*paradeigma*), que significa "modelo" ou "exemplo". Essa palavra tem a mesma raiz de παραδεικνύναι, que significa "demonstrar". Não obstante, o significado atual, que tem exercido certa influência, é aquele atribuído a Thomas Kuhn (1922-1996) em sua obra *A Estrutura das Revoluções Científicas*, que define o termo no sentido de revolução científica, fazendo referência a um complexo teórico que incluiria a definição dos problemas, a estrutura do processo de investigação, a metodologia e a forma de interpretar os resultados desta por parte da comunidade científica. O Dicionário Oxford define o termo paradigma como "um padrão ou modelo, um exemplo". Os educadores inovadores e os pesquisadores sabem que o paradigma é uma estratégia heurística, que adota certos princípios e metodologia própria para fazer certos questionamentos sobre a realidade ou a verdade. Isso se dá porque a arte bebe nas fontes da filosofia em cada contexto cultural e em cada momento histórico. O paradigma vigente, além disso, orienta as formas de trabalho e produção e, em geral, inclusive os estilos de vida das comunidades que estão sob sua influência.

Antes de refletir sobre a questão da modernidade, precisamos citar uma figura magnífica, de grande importância intelectual, herdeira da tradição clássica e cuja obra é um dos tratados mais brilhantes da história do pensamento; estamos falando de São Tomás de Aquino. Para ele, ao contrário do que pensava Santo Agostinho e de acordo com Aristóteles, a origem do conhecimento não está em uma "iluminação", mas sim em certa "participação" na luz divina. O conhecimento começa com aquilo que é sensível: "A primeira coisa que conhecemos nessa vida é a essência das coisas materiais, que constituem o objeto próprio de nosso entendimento, como já foi dito repetidas vezes" (*S.th.* I, 88, 3). O processo do conhecimento segue três etapas ou graus: a sensação do mundo concreto e sensível em sua extensão individual (a ciência natural), cujo objeto é o indivíduo em movimento; a segunda etapa é a consideração da extensão em geral em suas relações e funções; a terceira é a abstração, cujo objeto é *o ser enquanto ser*, que corresponderia à filosofia natural ou à ciência metafísica. Por esse processo emergem os princípios supremos, tanto do saber em geral (as leis lógicas) quanto dos fundamentos reais e supremos das ciências particulares (Hirsberger, p. 379).

O rompimento com a tradição, que havia compatibilizado a fé com a razão, que epistemologicamente, como ficará evidente no processo histórico posterior, é entre a verdade e a razão, se inicia com um dos representantes da escolástica tardia, John Duns Scoto (1266-1308), um franciscano que considera que o entendimento conhece diretamente as realidades individuais, por meio de uma intuição imediata e confusa. Segundo ele, a vontade não tende necessariamente ao bem, sendo que a essência da vontade é a liberdade, e é exatamente por isso que a vontade é mais perfeita do que o entendimento e superior a ele, já que o entendimento não é livre para consentir ou discordar das verdades que capta.

Junto a este encontramos a figura do nominalismo, Guilherme de Ockham (1280/1288-1349), que também ingressou na ordem franciscana e estudou em Oxford, embora não tenha chegado a obter o título de mestre em Teologia. Sua vida transcorre entre seu nascimento em Londres, por volta de 1300, e sua morte, em 1349, na cidade de Munique. A experiência sensível é a verdadeira causa do conhecimento, mas supõe uma atitude cética perante o conhecimento intelectual. O universal, a natureza comum, para ele não é uma realidade ôntica: "Está somente na alma, e não nas coisas" (*I Sent*. D. 2, q. 7 G). O universal não é produzido, "mas resulta da operação abstrativa, que não é outra coisa que uma espécie de ficção" (*I Sent*. D. 2, q. 8 E).

Os círculos ockhamistas se denominaram de modernos (*moderni*) frente aos antigos (*antiqui*) e ao seu realismo das ideias (*reales*) e, por sua rejeição à realidade dos universais, foram chamados "nominais" (Hirschberger, 1976, p. 447). Alguns de seus seguidores realçaram mais o criticismo epistemológico de Ockham, outros, a necessidade da experiência, proclamada pelo mestre, razão pela qual adotam uma orientação marcada para a ciência da natureza (Hirschberger, J., 1976, p. 447). Isso pressupõe uma inflexão grave na epistemologia, ao considerar *a experiência sensível como a causa autêntica do conhecimento humano*, e a negação, como já dissemos, da operação abstrativa. John Duns Scoto (1266-1308) já havia se pronunciado nesse sentido, exaltando a vontade humana para o conhecimento de Deus, a já denominada "*voluntas ordinata*", à qual nos referimos anteriormente, que não obstante ainda admitia uma "*natura communis*", que delineava o universal superior. Contudo, com Ockham, a análise epistemológica das possibilidades e dos limites do conhecimento é modificada: é necessário somente um olhar espiritual, sensível e intuitivo sobre nossos próprios atos interiores anímicos para contemplar o conteúdo do mundo real: "um elemento ativo e outro passivo, ou seja, o objeto e a potência cognitiva, ambos unidos, e o sucesso alcançado, nada mais" (*II Sent*. Q. 15, O). A negação de Ockham das "*species*", da "*natura communis*" e, em geral, de todo o universo, tanto "*ante rem*" como "*in re*", terá consequências redutivas de natureza epistemológica, pela influência posterior que ela pressupõe.

Não será realidade ontológica o universal ou os universais, mas apenas coisas da mente: "a realidade está somente na alma, e não nas coisas" (*I Sent*. D. 2, q. 7 G). E o significado de seu conteúdo é apenas, como já assinalamos, algo convencional: "o universal não é produzido, mas resulta da abstração, que não é outra coisa senão uma espécie de ficção" (*I Sent*. D. 2, q. 8 E). Ockham não é propriamente um nominalista, já que busca a verdade objetiva, inclusive sem as categorias aristotélicas da substância e da qualidade. Como o espaço e o tempo pertencem à quantidade, já é um prelúdio do subjetivismo moderno (Hirschberger, 1976, p. 445).

Os seguidores acentuaram seu criticismo epistemológico e, em outros casos, a necessidade da experiência como orientação para a ciência da natureza. Inicia-se um caminho para o *ceticismo* (histórico e, mais tarde, sociológico) que, por razões da epistemologia, fará com que a redução dos valores seja uma realidade. Como consequência, o resultado na alma humana, segundo sua proposta, é somente um *signum*, um conteúdo de significado (*intentio*) e, enquanto simplesmente um signo, algo convencional (*I Sent*. D. 2 Q. 8). Mais do que isso, é uma pura ficção (*quoddam fictum*), e, concluindo, não é mais do que um termo com o qual denominamos a coisa significada: *non plus quam vox est sui significati* (*I Sent*. D. 2, Q. 7 T).

Segundo Gilson (2007), o estudo de Guilherme de Ockham permite comprovar um fato histórico de suma importância e que é frequentemente esquecido: a crítica interna levada contra si própria por aquilo que se passou a chamar de Filosofia Escolástica – um termo bastante vago –, que provocou sua ruína muito antes que a Filosofia Moderna chegasse a se constituir. Talvez influenciado por esse processo, Kant chegará a dizer que a leitura de Hume, nesta linha crítica, despertou-o do seu "sonho dogmático", mas podemos afirmar que a campainha desse despertador já estava tocando desde o século XIII.

Ockham aplica o critério de economia do pensamento, segundo o qual não se deve multiplicar os seres sem necessidade, e ele o faz de modo tão restrito e radical que costuma ser chamado de "a Navalha de Ockham". Essa navalha era tão radical que poderíamos dizer que tenha cortado inclusive as partes sãs. Seu critério considera desnecessários e, portanto, inaceitáveis conceitos como "abstração" ou "forma" utilizados *para descrever e explicar a natureza do conhecimento*. Ele esquece que tanto a lógica como a matemática são ciências formais, não reais, ou seja, que elas servem de apoio à tarefa sistemática científica. Conhecemos o individual intuitivamente (Ockham desenvolve sua Teoria do Conhecimento no prólogo do Livro I das Sentenças). Ele não nega o conhecimento abstrato, que trata das relações entre as ideias, mas afirma que somente o conhecimento intuitivo versa sobre a existência. Assim, se quisermos conhecer as existências, o único caminho será o conhecimento sensível. Além disso, o conhecimento abstrato é baseado no intuitivo e, mediante uma generalização do conhecimento particular, ele formula suas proposições universais prescindindo da existência dos indivíduos concretos.

Gilson afirmou, ao comparar a Teoria do Conhecimento de Ockham com a de São Tomás:

> Em uma doutrina como o tomismo, a Ciência atua sobre o geral; assim, é necessário que a concepção do universo, à qual tal doutrina se vincula, reconheça nele certa realidade; além disso, é preciso que ofereça ao homem os instrumentos necessários para que possa apoderar-se dessa realidade. Contudo, do ponto de vista de Ockham, o que se busca alcançar, antes de tudo, não é a ciência do geral, mas a evidência do particular. Para impedir que a razão se apodere do abstrato como objeto próprio, será preciso, portanto, estabelecer que o universal carece de realidade e atribuir à inteligência as faculdades necessárias e suficientes para que seja capaz de aprender o particular.

Uma vez que Ockham não reconhece nas coisas nenhuma natureza comum, surge o problema de como o pensamento forma os conceitos universais. A única realidade são os indivíduos, e a *supossitio personal* se fundamenta neles. Mas como explicar a *supossitio simple* quando negamos a realidade do universal? Os conceitos agrupam-se aos indivíduos enquanto estes concordam com o que cada um é individualmente e os designam de modo confuso, que não permite a distinção entre eles. Esta doutrina geralmente é denominada "nominalismo". Gilson afirma que essa designação é correta, quando "não esquecemos que os nomes dos quais Ockham fala sempre têm, em seu pensamento, certa significação". Guilherme de Ockham é pouco otimista em relação à capacidade da Filosofia demonstrar verdades da filosofia natural ou metafísicas. Ele aceita que a Teologia faça afirmações baseadas na autoridade da Revelação, mas não considera que estas (que Deus é uno e criador e que a alma é imortal, por exemplo) devam ou possam ser demonstradas por meio da filosofia. O que a razão realmente pode fazer é mostrá-las como possíveis e não contraditórias, e inclusive como prováveis, mas não demonstrá-las. Essa afirmação é claramente derivada de sua posição epistemologicamente apriorística. De modo coerente com sua teoria do conhecimento intuitivo do individual, ele rechaça as demonstrações da existência de Deus. Uma vez que Deus não é conhecido intuitivamente, somente nos resta crer nele. Tampouco é possível sustentar a existência de uma alma substancial e imaterial. É certo que, por meio da intuição interna, conhecemos o prazer, a tristeza, nossos atos voluntários e nossos raciocínios, mas não podemos ir além deles. Nem a razão nem a experiência interna ou externa, segundo se deduz de seus postulados, nos garantiriam a existência de uma alma imortal, nem sequer de uma alma imaterial.

Quanto aos preceitos morais, Guilherme de Ockham, buscando liberar o Deus cristão das cadeias da necessidade, as quais o submetiam às filosofias greco-árabes (Avicena e Averróes), sustenta que eles não se fundamentam em uma necessidade, mas na vontade de Deus. Nisso ele segue Duns Scoto, levando sua postura ao extremo. Gilson sustenta que "a partir do momento em que suprimimos radicalmente as essências e os arquétipos universais, já não resta nenhuma barreira que possa conter a arbitrariedade do poder divino". E, se devemos concordar ao menos em parte com Feuerbach, quando este afirma que a Teologia é um momento da Antropologia, não devemos estranhar que este homem que entende Deus como um ser todo-poderoso e arbitrário elimine o tempo, por ser ele (ao menos supostamente) todo-poderoso e arbitrário e negar todo o limite que não seja de sua própria capacidade e possibilidade.

Ockham entendia o universo como radicalmente contingente. Não estando a obra de Deus limitada ou regida por qualquer ideia ou necessidade, o mundo seria assim somente porque Deus o quer. Se somarmos ao seu empirismo radical sua concepção de mundo como a Criação de um Deus aberto a toda possibilidade de ação, na qual as deduções apriorísticas têm pouco valor, podemos afirmar que Ockham preparou o terreno para o desenvolvimento da ciência moderna, baseada exclusivamente na observação e na experimentação, e indiretamente facilitou a chegada do racionalismo moderno.

O educador social deve saber que o *paradigma moderno* da epistemologia inicia a *teoria científica moderna do conhecimento* com a posição moderna que diferencia, desde Galileu (1564-1642), a relação entre sujeito e objeto e que este expõe em "*Saggiatore*" (1623). Além disso, Descartes (1596-1650) desenvolve a distinção entre qualidades subjetivas e objetivas, primárias e secundárias, em seu "*Traité de la Lumière*" e ao final de sua "*Principia Philosophiae*"; e, por outro lado, Locke (1632-1704) faz o mesmo em "*Essay concerning Human Understanding*" (*Lib. II*, Cap. 8). Assim, foram esboçados os dois grandes paradigmas modernos, que abririam o dualismo epistemológico correspondente: o *empirismo* e o *racionalismo*.

A educação permanente, a pesquisa e a inovação reconhecem que o empirismo, por sua parte, como filosofia moderna e contemporânea, tem seus antecedentes indiretos, os quais assinalamos anteriormente. Geralmente se considera, na época moderna, que sua emergência mais uma vez tenha sido na Inglaterra, embora suas propostas tenham cruzado as fronteiras. O vocábulo "empirismo" procede do termo grego "*empeiria*", que significa experiência. É a corrente filosófica que afirma que a origem e o valor de nossos conhecimentos dependem da experiência. O objeto do conhecimento sensível são as sensações, as ideias, ou melhor, as imagens, as impressões que as coisas produzem em nós quando as experimentamos. Este é um dos paradigmas modernos mais relevantes, e é importante dizer que com tal movimento se expulsou a metafísica do campo da ciência e da filosofia e, de certa maneira, a transcendência ontológica, já que a experiência é todo o conhecimento. O conhecimento humano se reduz ao processo que decorre no tempo e no espaço.

A posição do empirismo tem seu antecedente imediato nas teorias quantitativo-mecanicistas do Renascimento e no pensamento inglês, representado em seus dias pelas ideias científicas de Bacon (1561-1626), cujos autores mais representativos seriam Hobbes (1588-1679), Locke (1632-1704) e Hume (1711-1776). O empirismo considera, desde Bacon, Locke, Berkeley (1685-1753) e Hume, a observação como a fonte do conhecimento. Portanto, a ciência, o conhecimento científico moderno, de acordo com sua própria definição epistemológica, fica reduzida à quantidade, à matéria, como categoria fundamental. O modelo de metodologia da pesquisa será hipotético-indutivo, e a formalização terá natureza matemática.

A contextualização do paradigma empirista, tal como ocorre devido à influência do "cultural ou cientificamente correto", é esclarecedora quanto às suas influências. Assim, podemos constatar que entre os amigos de Locke estão Robert Boyle (1627-1691) e Isaac Newton (1643-1727), entre outros que poderiam ser citados. Boyle é o fundador da química moderna e considera que as substâncias e as formas aristotélicas são palavras vazias, já que tudo pode ser explicado por meio de suas partes e, inversamente, pela soma delas: massa, energia, posição, movimento local e suas correspondentes interações mecânicas de forças. A febre renascentista dos exploradores e descobridores necessita de instrumentos mecânicos para a navegação: um exemplo bem conhecido que encarna essa preocupação é Leonardo da Vinci (1452-1519), que realizou projetos de mecânica e engenharia. A obra de Copérnico (1473-1543), por outro lado, foi decisiva; na realidade ela abriu caminho para o que seria a nova ciência: *De revolu-*

tionibus orbium caelestium (1543), publicada depois de sua morte, apresenta o sistema heliocêntrico, ainda que de modo imperfeito.

Galileu Galilei (1564-1642) demonstra na prática o sistema cósmico de Copérnico, lançando os fundamentos da mecânica moderna. A sequência de sua metodologia é a seguinte: hipótese, análise dos fatores ou forças (método resolutivo). O método compositivo trata, por fim, da formulação matemática. A generalização é a última etapa, por meio da qual se proclama a lei universal. Galileu, frente à dedução aristotélica, apresenta a indução. Devemos ressaltar que Galileu

> não quis restringir de modo exclusivista a visão do mundo àquilo que é matematicamente inteligível; seu método matemático não buscava, nos princípios, mais do que uma representação exata das experiências particulares. Contudo, sua valoração e sua interpretação subjetivista das qualidades secundárias sensíveis e o nexo histórico evidente desta concepção com o antigo atomismo, assim como com Sexto Empírico, significaram praticamente uma ruptura com o pensamento qualitativo e eidético e levaram a uma visão oposta, quantitativa e mecanicista da natureza (Hirschberger, p. 491-492).

Isaac Newton (1643-1727), matemático e físico, considerou a metodologia científica como a percepção sensível submetida a medidas e números, motivo pelo qual qualquer outra proposta seria mais que uma conjectura hipotética. Isaac Newton, a partir dos estudos de Galileu, com base na lei da queda livre dos corpos, estabeleceu sua teoria da gravidade universal e sua doutrina sobre as órbitas dos planetas. Newton, assim como Galileu, propôs um procedimento metodológico para a construção da ciência, sem discutir outras dimensões ou aspectos da realidade que não fossem exclusivamente físicos.

Francis Bacon, Barão de Verulâmio (1561-1626), introduziu o sentido utilitário na ciência renascentista, ou seja, a razão instrumental. A perspectiva epistemológica é empírica e quantitativo-mecanicista: "saber é poder". O saber estará a serviço da utilidade técnica. A metodologia é indutiva. A ciência, ao generalizar e criar leis, ultrapassará o campo da observação descritiva. Os modelos científicos são construções que buscam aproximar-se da realidade – a metodologia é a condição que estabelece os limites de tal conhecimento. O mundo que observo não é aquele que somente é possível de ser captado por meio desse procedimento, mas eu também incorporo uma lente metodológica demonstrativa, explicativa ou interpretativa.

São concebidos tanto *modelos científicos* teóricos, próprios da *ciência básica*, quanto *tecnológicos*, próprios da *investigação operativa*, ou seja, da ciência aplicada. As ideias teóricas buscam se aproximar da realidade, provar, a partir dos *modelos teóricos* (redes intelectuais para captar o mundo), estabelecer e verificar o grau de isomorfismo com a realidade, como, por exemplo, no desenvolvimento dos instrumentos para orientação na navegação marítima, como mencionamos.

Thomas Hobbes (1588-1679) reduziu o dualismo cartesiano e o foco do conhecimento somente à *res extensa*. Sua proposta epistemológica é de materialismo monístico:

> A filosofia é o conhecimento adquirido pelo raciocínio correto dos efeitos e fenômenos, uma vez conhecidas suas causas ou origens, e, por sua vez, aquilo que pode ser gerado a partir de seus efeitos... mas *efeitos e fenômenos são características ou potenciais dos corpos* (*Elementa Philosophiae, De corpore*, 1655).

A figura de John Locke é relevante na modernidade, sem dúvida, não apenas pelo elogio que recebeu de Voltaire no tratado *De Tolerancia*. Destaca-se sua personalidade, seu equilíbrio nas palavras, seu estilo sóbrio, sistemático, ponderado. Sua crítica em momento algum é agressiva. Sua obra *Ensayo sobre el entendimiento humano*[3] é um texto clássico do empirismo inglês. Ela nega a existência de ideias inatas tanto na ordem teórica como prática. A única fonte do conhecimento é a experiência dos sentidos externos (as sensações) e internos (a reflexão). A ideia se constitui no objeto do entendimento, isto é, em tudo que "se entende como fantasma, noção, espécie ou qualquer outra coisa com a qual a mente possa se envolver ao pensar" (segundo livro de *Ensayo sobre el entendimiento humano*). Ele faz distinções entre a ideia do conteúdo da consciência e do objeto conhecido:

> Tudo aquilo que a mente percebe por si própria ou que é objeto imediato de percepção, pensamento ou entendimento, tudo isso chamo de ideia; e à virtude de produzir em nossa mente uma ideia chamo de qualidade do sujeito no qual tal virtude reside (II, 8, 7ss).

As ideias complexas, à maneira de categorias, são subdivididas em *modos, substâncias* e *relações*. O conceito de substância não corresponde ao da tradição lógico-ontológica. A epistemologia é do realismo físico, no sentido quantitativo, material. A existência real das coisas não é posta em dúvida. As ideias simples são conforme a realidade, o espírito não tem como produzir por si próprio tais ideias, elas não são produto da fantasia, são "produtos naturais regulares das coisas que estão fora de nós... que realmente atuam sobre nós e, assim, levam consigo toda a conformidade que se pretende (*which is intended*)" (IV, 4, 4). O mesmo também se dá com as ideias complexas, com a única exceção da substância, que é obscura. Talvez não haja conformidade entre nossas ideias e a realidade das coisas. A substância é um "não sei o quê". As *características são primárias ou secundárias* (II, 8, 9ss). Há características inseparáveis dos corpos (dureza, comprimento, forma, movimento, repouso e número) e, em segundo lugar, outras qualidades que são como uma força ou virtude no corpo, estimulando em nós percepções concretas e *sensoriais* (cores, sons, sabores e outras parecidas). As características primárias são imagens (*resemblances*), cujos modelos (*patterns*) existem nas coisas. Em relação às características secundárias, podemos dizer que nada existe nos corpos que seja igual às nossas ideias:

> Nos corpos que denominamos segundo elas, as características secundárias são somente um poder ou uma virtude de produzir tais sensações em nós, e o que há de doce, azul ou quente na ideia não é senão uma determinada magnitude, forma ou movimento das partes imperceptíveis nos próprios corpos, que chamamos dessa maneira (II, 8, 15).

As características secundárias não são totalmente subjetivas, nelas sempre há um substrato de realidade. A epistemologia lockiana pressupõe, de certa maneira, uma etapa de transição entre o objetivismo e o subjetivismo. Ela enfatiza a vertente subjetiva de nossas ideias e representações. O conceito central de substância, próprio da metafísica tradicional, fica reduzido a praticamente seu nome.

O processo pelo qual o pensamento imanente moderno se desenvolve reconhece a figura de George Berkeley (1685-1753), contemporâneo de Locke. Se este havia considerado as características secundárias como subjetivas, Berkeley avançou por esse caminho até considerar também como subjetivas as características primárias. Não há realidade que seja transubjetiva, apenas há conteúdos de consciência, representações, ideias: *esse est percipi*. Esta regra é a *imanência no sentido psicologista, em todo caso, consciencialismo*. A ideia geral não é nada, é apenas um nome, mas, de maneira alguma, uma realidade. Todas as representações são individuais, fáticas. A dificuldade que se imagina prescindir de toda a ciência metafísica se apresenta quando buscamos estabelecer a origem dos conteúdos de consciência, admitindo que existam alguns que não estejam sujeitos à nossa ação, razão pela qual teríamos de considerar que são provocados no exterior do ser humano.

A educação permanente dá-se conta de que o escocês David Hume (1711-1776) rompe definitivamente com a tradição ocidental, ainda mais que sua proposta em muitos momentos se defronta com a ciência metafísica. A percepção sensível, o prazer, a utilidade contextualizados no espaço e no tempo. Suas obras principais são: *Tratado da Natureza Humana* (*A Treatise of Human Nature*, 1734), *Investigação Sobre o Entendimento Humano* (*An Enquiry Concerning Human Understanding*, 1748) e *Investigação Sobre os Princípios da Moral* (*An Enquiry Concerning the Principes of Morals*, 1751). Segundo ele, não existem ideias nem princípios inatos. Os conteúdos da consciência surgem da experiência sensorial. As sensações internas e externas, as emoções e os sentimentos são impressões (*impressions*). Os conteúdos imediatos reproduzidos são as ideias. A percepção é a denominação genérica do conteúdo da consciência (*perception*). Talvez a distinção entre impressões e ideias se refira à diferença entre as coisas em si e o mundo da consciência. Ainda assim, em Hume é difícil estabelecer essa distinção. Ele estabelece as leis da associação: semelhança, continuidade espaçotemporal e causalidade. O sentido que ele atribui à causa, como consequência de seu posicionamento epistemológico, é muito diferente do que poderíamos esperar, como será exposto mais adiante. As leis da semelhança e da causalidade ficariam incluídas na lei da contiguidade espaçotemporal. Sua *proposta antropológica é psicologista*; ao se pronunciar sobre a necessidade e a liberdade, ele assinala:

> A necessidade de uma ação qualquer, seja da matéria ou da mente, não é, propriamente falando, uma característica do agente, e sim de algum ser pensante ou inteligente, o qual pode considerar a ação, e consiste principalmente na determinação de seus pensamentos para inferir a existência daquela ação de certos objetos precedentes (Ess. II, 776).

A realidade que se apresenta é uma subjetivação da ciência. Hume é cético:

> A mais perfeita filosofia da ordem natural afasta apenas um pouco de nossa ignorância; assim como a mais perfeita filosofia da ordem moral ou metafísica somente serve para descobrir as mais extensas regiões dessa ignorância. Assim, o resultado de toda filosofia é comprovar a cegueira e a debilidade humanas com as quais tropeçamos a cada passo, apesar de todos nossos esforços para fugir delas ou evitá-las (Ess, II, 27).

Hume, aprofundando o imanentismo moderno, considera o conhecimento natural e empírico como crença (*belief*).

O pesquisador e o inovador devem se recordar que o racionalismo, assim como o empirismo, insistimos, configuram os paradigmas mais influentes do pensamento moderno, as duas grandes "ferramentas" intelectuais desde os séculos XVII e XVIII. A ruptura com o realismo filosófico anterior foi, como já mencionamos, de natureza epistemológica. Se me permitem fazer uma referência mítica, podemos dizer que, quando se trata do racionalismo, é como se Minerva pudesse sair da cabeça de Júpiter, sem qualquer referência à experiência. Poderíamos inclusive admitir que a experiência é considerada nestas formas de dualismo moderno, o que ocorre no caso do racionalismo moderno, pois sua posição é claramente imanente.

O racionalismo, desde Descartes (1596-1650), Spinoza (1632-1677), Leibniz (1646-1716), etc., tenta estabelecer as bases do conhecimento humano na intuição intelectual. Descartes, ao priorizar o pensar ao ser, foi considerado o pai da filosofia moderna, devido à influência que teria no idealismo filosófico posterior. A intenção, como quase sempre ocorre, foi boa: tratava-se de proteger o conhecimento de qualquer dúvida; mas esta, que começou como metódica, se converteu em constitutiva, seu projeto foi uma ciência universal (*Le projet d'une science universelle qui puisse élever notre nature à son plus haut degré de perfection*), Carta a Mersenne, março de 1636; o que resultou em um paradoxo com a metodologia proposta. Descartes teve de se posicionar sobre a distinção entre características subjetivas e objetivas, primárias e secundárias em seu *Traité de la Lumière* e no final de seus *Principia Philosophiae*; algo que Locke também havia feito na outra "extremidade metodológica moderna", em *Essay Concerning Human Understanding* (Lib. II, Cap. 8).

Consideramos contraditório seu propósito quanto à metodologia proposta, já que a dúvida é o ponto de partida de Descartes; ela não é existencial, mas de método. O ponto de partida é uma verdade, que, paradoxalmente à vida, considera absolutamente segura: penso, logo existo (*Je pense, donc je suis*). A proposta evidentemente é de natureza intuitiva, intelectual, não empírica. O "eu" torna-se patente no pensamento, a intuição é a da consciência. A dedução vem apenas em segundo lugar, não há mais do que intuição e dedução (regra III). O mecanismo é de análise e síntese. A redução das proposições complexas em simples e, portanto, da inspiração intuitiva de todas as proposições simples, chegaremos pelo mesmo caminho a todas as demais. As naturezas simples podem ser conhecidas de modo intuitivo ou mediante certa luz inata que está em nós. O panorama epistemológico é novo: embora mantenha a realidade do "mundo exterior", este fica deslocado pelo "mundo interior", o objetivo fica obscurecido pelo subjetivo, a consciência está à frente do ser, a imanência, à frente da transcendência; o pensamento não gira em torno da coisa que se busca conhecer, mas a coisa gira ao redor do pensamento do sujeito. A ontologia está subordinada, por motivos metodológicos, à gnoseologia. Descartes acerta com a crítica inicial ao conhecimento sensível, mas não no fato de que todas as percepções sejam enganosas: "devido ao fato de que os sentidos às vezes nos enganam, quis supor que não há coisa alguma que seja como eles nos fazem imaginar" (*O discurso do método*, p. 32). Implicitamente, ele admite que o conhecimento sensível seja a fonte primária do conhecimento, mas ele já havia decidido se desvencilhar dessa forma de conhecimento. A clausura do realismo filosófico, o desterro do realismo, decreta arbitrariamente a morte da filosofia natural, ou seja, da metafísica, e, com ela, se obscurece o substantivo da ciência filosófica e os valores substantivos, essenciais à vida humana, social e política. Talvez a justificação de contexto se encontre na crise iniciada pelo Renascimento. A falta de fundamentos sólidos levará psicologicamente à dúvida e à angústia, um paradoxo do racionalismo moderno.

Benedictus de Spinoza (1632-1677), por outro lado, diferencia os seguintes graus ou modos de conhecimento e o fato de que as ideias falsas têm sua origem na imaginação. Ele considera que a verdade se manifesta por si própria e explica a realidade com base em uma estrutura de definições, axiomas, proposições e demonstrações. Godofredo Guilherme Leibniz (1646-1716), em sua carta a Rémond do dia 10 de janeiro de 1714, diz, entre outras coisas, algo muito interessante:

> Porém, quando quis encontrar as últimas razões do mecanismo e das leis próprias do movimento, fui surpreendido ao ver que era impossível encontrá-las na matemática e que era preciso voltar à metafísica... Orgulho-me de ter chegado à harmonia dos diferentes reinos e de ter visto que as duas partes têm razão, desde que não se choquem entre si; nos fenômenos naturais, tudo se sucede de modo mecânico e ao mesmo tempo metafísico, mas que a fonte da mecânica está na metafísica (*ed. Gerhardt, III*, 606s).

Foi necessário, pois, "chamar de novo e, de certo modo, reabilitar as formas substanciais hoje tão vilipendiadas" (*Syst. Nouveau de la Nat.*, Ed. Gerhardt, IV, 478s). As bases epistemológicas que ele assinala são as seguintes:

> nossos raciocínios se fundamentam em dois grandes princípios: o da *contradição* [...] *e o da razão suficiente*, em virtude do qual consideramos que nenhum fato poderia ser considerado verdadeiro ou existente, nenhum enunciado seria verdadeiro sem que haja uma razão suficiente para que ele seja assim e não de outra maneira, se bem que essas razões, na maioria das vezes, não podem ser conhecidas (cf. 31, 32).

OS PARADIGMAS IDEALISTAS E POSITIVISTAS MODERNOS

O processo do imanentismo moderno e o representacionalismo fenonênico, no qual se sustenta sua gnoseologia, alcança uma nova fase. O idealismo afirma que o mundo conhecido pelo ser humano é uma criação ativa dele mesmo. O que o homem conhece é criação do sujeito. Podem ser diferenciados na epistemologia idealista dois tipos principais básicos: o *idealismo transcendental* de Kant (1724-1804), o qual admite a existência do "mundo exterior", embora a dúvida faça pensar que esse mundo não possa ser conhecido pelos seres humanos, a não ser de forma fenomênica. Ou seja, não conhecemos a realidade em si, mas apenas fenômenos sensíveis que ordenamos *a priori*, segundo as formas de espaço e tempo. A coisa conhecida seria, segundo o filósofo, a reconstrução da mesma mediante as estruturas cognitivas que a espécie humana utiliza no processo de conhecimento. Em Kant, não são os conteúdos, e sim as formas que são *a priori*. Para ele, a substância é uma categoria do espírito, mas não uma estrutura essencial do ôntico. "A simples consciência, ainda que empiricamente determinada, de minha própria existência, prova a existência dos objetos no espaço fora de mim" (*Crítica da Razão Pura*, B 275). O período crítico inicia-se a partir de 1769-1770. Kant confessa que Hume o desperta de seu sonho dogmático. As reservas e dúvidas sobre uma ciência metafísica são frequentes. A expe-riência não oferece, segundo ele, uma relação de causa e efeito, mas simplesmente uma justaposição de fatos e realidades. Com sua obra *Kritik der reinen Vernunft* (*Crítica da Razão Pura*), em 1781, Kant tenta estabelecer as bases ou os limites da razão humana. Anos mais tarde, ele adverte que, junto com o "como" estão o querer o agir. Este é o conteúdo de *Kritik der praktischen Vernunft* (*Crítica da Razão Prática*), 1788. Outras de suas obras importantes são: *Kritik der Urteilskraft* (*Crítica do Juízo*), 1790; *Prolegomena zu einer künftigen Metaphysik* (*Prolegômenos a Toda a Metafísica Futura*), 1783; e *Grundlegung zur Metaphysik der Sitten* (*Fundamentação da Metafísica dos Costumes*), 1785. O paradigma kantiano, no entanto, é a crítica do conhecimento, mais concretamente, a uma forma racionalista de fazer metafísica. Uma expressão sua pode ser paradigmática:

> Tarefas inevitáveis da razão pura são Deus, a liberdade, a imortalidade, mas a ciência que dirige sua última intenção e todos os seus recursos para a solução desses problemas chama-se metafísica (*Crítica da Razão Pura*, B, 17; DF. B. 395 nota).

O problema, a "questão central, continua sendo o quê e quanto podem conhecer o entendimento e a razão livres, independentemente de toda a experiência" (*Crítica da Razão Pura*, A, XVII). Sua metafísica será lógica e transcendental em um sentido muito peculiar. Podemos entender que se coloca a posição clássica de que o portal do conhecimento é sensorial, mas define que "o objeto indeterminado de uma intuição empírica se chama fenômeno". A intuição é empírica, mas não se relaciona diretamente com as "coisas", mas com os "objetos". O entendimento pensa esses objetos. Isso ocorre porque, ao analisar o sentido do fenômeno, ele diz: "No fenômeno, chamo de matéria o que corresponde à sensação; mas o que faz com que o múltiplo do fenômeno possa ser ordenado segundo certas relações, chamo-o de a forma do fenômeno" (*Kritik der reinen Vernunft,* A, p. 49). Assim, a matéria dos fenômenos é sempre *a posteriori* e, ao contrário, a forma "tem de estar toda já *a priori* no espírito" (*Kritik der reinen Vernunft,* A, p. 49). Temos uma contradição: a "intuição pura" é intuição por ser representação sensorial, mas é pura porque afasta todo o empírico.

O portal da subjetividade se mantém aberto:

> Quisemos dizer, assim, que toda nossa intuição não é outra coisa senão a representação do fenômeno; que as coisas que intuímos não são em si mesmas aquilo pelo qual as tomamos quando as intuímos, nem suas condições internas são em si mesmas da mesma índole que nos aparece e que deixaremos ao nosso sujeito ou somente à disposição subjetiva dos sentidos, então todas as condições dos objetos no espaço e no tempo – e até mesmo o próprio espaço e o tempo – desapareceriam; como fenômenos, não podem existir em si mesmos, mas apenas em nós. O que poderiam ser os objetos em si, separados de toda a receptividade de nossos sentidos, é algo inteiramente desconhecido para nós. Não conhecemos outra coisa senão nosso modo de percebê-los, um modo que nos é próprio e que não tem por que ser o único modo necessário para todo o ser, embora o seja para todos os homens (*Crítica da Razão Pura*, A, 42; B, 59).

Nosso conhecimento – segundo Kant – deriva de duas fontes básicas: a sensibilidade e o entendimento. Contudo, a sensibilidade não conhece as coisas em si, mas os objetos que nos são dados; por meio do entendimento, os objetos são pensados. A intuição não é as coisas que estão no mundo exterior, mas as que estão na forma de fenômeno:

> Chamaremos de sensibilidade a receptividade de nosso espírito para receber representações, enquanto este é afetado de alguma maneira; chamaremos, por outro lado, de entendimento, a faculdade de produzir nós

> próprios representações, ou a espontaneidade do conhecimento. Nossa natureza faz com que a intuição nunca possa ser mais do que sensível, isto é, ela faz com que se restrinja somente ao modo como somos afetados pelos objetos. Por outro lado, o entendimento é a faculdade de pensar o objeto da intuição sensível. Nenhuma dessas propriedades é mais importante do que a outra. Sem a sensibilidade, não nos seria dado objeto algum; sem o entendimento, nenhum deles seria pensado. Pensamentos sem conteúdo são vãos; intuições sem conceitos, cegas (*Kritik der reinen Vernunft*, A, p. 76-77).

O processo por meio do qual se gera o conceito é muito diferente do processo clássico e, portanto, de sua virtude e realidade. O idealismo absoluto de George Wilhelm Friedrich Hegel (1770-1831) *aprofunda o imanentismo moderno*, uma vez que prescinde definitivamente da existência do "mundo exterior", considera que a realidade em si é incognoscível e não existe. A realidade do ser se identifica com a consciência, a qual não é individual, mas pertence a um Absoluto, comum a toda a espécie humana, a qual está sujeita à evolução histórica. Podem ser diferenciados em sua obra dois períodos: pré-crítico e crítico. O primeiro pressupõe uma imersão na ciência e na filosofia ilustrada. Neste momento, ainda se considera necessário o conceito de causa, e, portanto, a construção de uma ciência metafísica a partir do mesmo. Metodologicamente, ele defende a demonstração. Em seu estudo *Der einzig möglich Beweisgrund zu einer Demonstration des Daseins Gottes*, entre outras coisas, Hegel afirma: "Se deduzirá certamente um Criador incompreensivelmente grande daquele todo cósmico que se mostra perante nossos sentidos". Contudo, no mesmo texto, ele demonstra a perspectiva irracional do sentimento: "É totalmente necessário que o homem se persuada da existência de Deus, mas não é igualmente necessário que a demonstre". A perspectiva é de clara influência russelliana:

> A providência não quis que as evidências mais necessárias para a felicidade descansassem sobre a precisão de conclusões sutis, se não que as deu ao entendimento natural e corrente, o qual, se não está perturbado por falsos artifícios, não deixará de nos levar ao verdadeiro e ao útil.

O objeto do conhecimento, por outro lado, segundo a abordagem intelectual moderna, de natureza positivista, são os "fatos", entendidos como aqueles que podem ser captados pelos sentidos, mas agora se exige que sejam submetidos a controles, contrastes e réplicas. As questões próprias da filosofia natural, metafísicas, são rechaçadas totalmente, por serem "apriorísticas". A metodologia da pesquisa moderna baseia-se quase exclusivamente nos pressupostos próprios da ontologia da realidade física, ao entender que "ali" existe uma realidade conduzida por leis naturais e que pode ser submetida ao contraste e à réplica.

No paradigma positivista, costumam considerar-se diversas propostas teóricas: *a psicológica, a pedagógica, a sociológica, a ética*, etc. Todavia, na realidade, o denominador comum é de natureza epistemológica ou gnoseológica. A perspectiva do *positivismo social* é relevante a partir de sua formulação mais conhecida, que corresponde ao segundo terço do século XIX, e ao seu autor mais representativo, que foi Auguste Comte (1798-1857). A principal contribuição de Comte na realidade foi "a extensão dos pressupostos positivistas ao estudo e à explicação da sociedade, das estruturas e dos fatos humanos" (Pring, R. 2000, p. 90). A influência de Comte é muito ampla: G. K. Lewes (1817-1878); Martineau (1802-1876); Stuart Mill; o krausismo espanhol, É. Littré (1801-1881); P. Laffitte (1825-1903); H. Taine (1828-1893); L. Lévy-Bruhl (1857-1939), etc. O *positivismo ético*, ao contrário, não tem as raízes sociológicas do positivismo comtesco. Sua representação corresponde ao utilitarismo filosófico: J. Bentham (1748-1832) sistematiza a proposta do *positivismo utilitarista* ao redor de seu objeto próprio: a dor e o prazer. James Mill (1773-1836) considerou essa ética utilitarista se limitava a um mecanismo complexo de associação dos atos puramente sensíveis. John Stuart Mill (1806-1873) criticou essa associação mecânica, já que as impressões têm uma propriedade qualitativa. A felicidade não é a mera satisfação hedonista, uma vez que há tipos de prazer mais desejáveis do que outros, como, por exemplo, os prazeres intelectuais, que são superiores.

Finalmente, podemos mencionar J. J. Smart (1920-1996), que fala de um "*positivismo utilitarista de normas*" (*An outline of a system of utilitarism*, 1961). O *positivismo gnoseológico* assinala como postulado, segundo as palavras de Brentano, que "o método da filosofia não é distinto do das ciências naturais". Ele continua sendo um positivismo natural. No sentido mais estritamente positivista, encontramos o materialismo fenomênico de E. Mach (1838-1916), o qual nega a perspectiva metafísica e, com ela, a substância. A realidade é "aquilo que é dado", e o conhecimento é a adaptação ao meio. Por outro lado, o neokantismo conduz ao positivismo, com H. Vaihinger (1852-1933); o positivismo idealista considera que o conhecimento se origina na utilidade biológica radical.

O empirocriticismo de E. Laas (1837-1885) e Richard Avenarius (1843-1896) assinalam, por outro lado, orientações diversas. Laas propõe um correlativismo entre sujeito e objeto, a partir do ato original de conhecer: a sensação. Já Avenarius é considerado o fundador do empirocriticismo: o conhecimento científico surge da experiência pura, não contaminada; ele deve revisar previamente o estado fisiológico dos sentidos e do sistema nervoso; ele pressupõe uma análise crítica da experiência bruta do ser humano. Outros autores, que de posições redutivamente materialistas podem inicidir no positivismo epistemológico, são Hermann Ludwig Ferdinand von Helmholtz (1821-1894) e o defensor do evolucionismo, Ernst Haeckel (1834-1919).

O *neopositivismo* atual reconhece a falibilidade do método experimental e a provisoriedade do mesmo. As relações causais já não são fixas e absolutas, mas estocásticas e probabilísticas. O paradigma científico moderno crê – como considerou o paradigma científico clássico, grego – na realidade objetiva: a diferença se caracteriza no âmbito da investigação, que, no paradigma científico moderno, é a realidade exclusivamente física, e a realidade cultural é considerada como um produto social.

O *paradigma construtivista* é um caso particular, situado epistemologicamente no limite da modernidade que denominamos racionalista-idealista, posicionado de forma nítida no imanentismo moderno, que nega evidentemente o *positivismo lógico*, já que considera a realidade de forma idealizada, como uma "construção social" do entendimento. Assim, a própria ciência deve ser, nesta hipótese, uma construção social, e, portanto, o paradigma construtivista crê que não haja leis permanentes, naturais no sentido estrito, que descrevam ou expliquem as relações de causa e efeito e que deveriam ser descobertas. O fundamental para o construtivismo é o "contexto", o lugar no qual surge inclusive a metodologia. Se a verdade no paradigma construtivista surge em cada contexto social, ela será relativa; a verdade da investigação na melhor das hipóteses seria um "consenso" entre o informado e os sofisticados construtores especialistas e comunitários.

O paradigma científico moderno, por outro lado, crê na separação entre investigador e investigado; ele busca o conhecimento da realidade e a verdade. O paradigma construtivista anula tal distinção, já que considera, como consequência de sua posição imanente, que a investigação "encontrada" tenha sido criada, e não descoberta, na interação produzida entre o pensamento do investigador e o que foi "criado" *ex novo*. A postura epistemológica está próxima dos sofistas, já que o homem é a medida de todas as coisas. Essa perspectiva reduz a realidade, o conhecimento da realidade, a algo que "não é inteiramente criado", mas "construído" ou "negociado"; motivo pelo qual temos a necessidade de definir padrões de "justificabilidade" (Pring, R., 2000, p. 47).

O paradigma construtivista poderia ser caracterizado pelos seguintes pontos ou elementos (Pring, R., 2000, p. 47):

a) Cada pessoa vive em um "mundo de ideias", e é por meio dessas ideias que o mundo (físico e social) é construído.

b) A comunicação com os demais indivíduos, portanto, implica uma "negociação" de seus respectivos mundos ou ideias.
c) Surgem novas situações e pessoas, cuja acomodação a ideias diferentes exige uma nova negociação, dentro de um "mercado de ideias".
d) Noções como "verdade" precisam ser eliminadas ou redefinidas em termos de "consenso", uma vez que pode acontecer que elas não correspondam às concepções intelectuais do indivíduo com sua realidade.
e) Além disso, a distinção entre "objetivo" e "subjetivo" precisa ser redefinida, já que "ali" talvez não haja nada "objetivo", no sentido de que exista independentemente do mundo das ideias e tenha sido construída "de modo privado" ou por "consenso", com outras pessoas.
f) O desenvolvimento de nosso pensamento, por exemplo, quanto às soluções educacionais para um ensino de qualidade recai em uma constante negociação do entendimento entre pessoas diferentes. Haverá que dizer que a verdadeira "negociação" não pode levar a uma estruturação dos significados em um processo tal que se abram aos significados que não estão abertos à negociação, como, por exemplo, o direito à vida ou à liberdade de consciência. O caso do nacional-socialismo histórico e dos diversos fundamentalismos religiosos ou laicistas são advertências do que não pode "ser negociado" sem que se viole a natureza humana e social, ou seja, a dignidade da pessoa humana.

A construção social do mundo físico depende sobretudo do mundo real, embora os "objetos" reais possam ser descritos em termos de racionalidade, intencionalidade, responsabilidade e sensibilidade (Pring, R., 2000, p. 52).

EPISTEMOLOGIA ANALÍTICA E LINGUÍSTICA

Nós, educadores, temos de saber que a ciência analítica, na realidade, significa diferentes modos de análise[4]. Ela não é um conjunto homogêneo. Analisar é decompor os complexos de problemas em outros mais simples. Os conceitos, as ideias e o pensamento podem ser considerados como peças da linguagem, razão pela qual esta ocupará uma parte importante da ciência analítica (Quintanilla, 1976, p. 16-24). A ciência analítica moderna começa com George Edgard Moore (1873-1958) e Bertrand Arthur William Russell (1872-1970). Considera-se que a análise se limite à linguagem. A importância está principalmente nas relações lógicas da linguagem. A postura é antimetafísica. A crítica é contra o pensamento globalizante. Russell e o primeiro Wittgenstein analisam a ciência moderna e utilizam a lógica formal para isso. Moore e o segundo Wittgenstein não focam sua análise na linguagem científica, mas em diversos aspectos da própria linguagem, utilizando o que mais tarde seria chamado de lógica informal, que tem sentido ambíguo.

Podem ser diferenciadas três variantes ou correntes importantes na epistemologia analítica (Quintanilla, 1976): a) A análise clássica; b) A filosofia científica; e c) A filosofia linguística. Perante o idealismo, Moore apresenta o sentido comum, "mover a mão e ver o que efetivamente se move". As coisas nem sempre são as aparências. Bertrand Russell, por outro lado, dedicou-se à lógica das relações. Ele assinalou que o fato de as coisas estarem relacionadas entre si não significa que sejam uma única coisa. Cada coisa deve ser conhecida por si só.

Outro autor moderno representativo da corrente analítica é Wittgenstein. Na obra *Tractatus logico-philosophicus*, influenciado pela lógica de Russell e pelas teses do atomismo lógico, ele chega a conclusões diferentes sobre a relação entre a linguagem e o mundo, além de questionar em que consiste o verdadeiro trabalho científico. Seu pensamento viria a influenciar o Círculo de Viena. Já o segundo Wittgenstein analisou a múltipla variedade da linguagem na vida real. Ele analisou os "jogos de linguagem", o uso linguístico e as complexidades que devem ser resolvidas mediante a análise da própria linguagem, bem como a atitude implícita perante a metafísica e o idealismo absoluto.

A filosofia científica ou a razão analítica iniciou-se com o Círculo de Viena. O espírito positivista e suas propostas

> refletiram no trabalho de pré-guerra do Círculo de Viena, composto por um grupo de filósofos unidos pela crença de estarem preenchendo o mundo de significações. Isso influenciou o trabalho de um de seus membros, Rudolph Carnap (Pring, Richard, 2000, p. 91).

Trata-se de apresentar uma "filosofia científica" ou uma "concepção científica do mundo". Seus objetivos eram vários: definir conceitos e métodos científicos mediante a análise da linguagem da ciência; estabelecer as relações lógicas das linguagens científicas; e manter como questão problemática o estabelecimento dos critérios do empirismo. O Círculo de Viena não foi uma corrente homogênea.

O "Positivismo Lógico" é o modo como o filósofo Herbert Feigl (1902-1988) denominou a escola de pensamento a qual pertenceu. As origens do chamado Círculo de Viena remontam a 1907, ano em que o físico Philipp Frank (1884-1966) e o matemático Hans Hahn (1879-1934) começaram a se reunir para discutir sobre filosofia da ciência. Em 1992, uniu-se a eles o físico Moritz Schlick (1882-1936) e, então, as reuniões tornaram-se mais frequentes. Por volta do ano de 1928, o grupo assumiu o nome de Sociedade Ernst Mach. O objetivo da Sociedade Ernst Mach era propagar a visão científica do mundo. Esse objetivo fica manifesto no texto escrito em grupo para dar as boas-vindas a Schlick em 1929, após ter passado um período nos Estados Unidos, denominado "A visão científica do mundo: o Círculo de Viena". Em seu manifesto, Hans Hahn, Otto Neurath (1882-1945) e Rudolph Carnap mencionam Hume (1711-1776), Henri Poincaré (1854-1912), Einstein (1879-1955), Ernst Mach (1838-1916), Gottfried Leibniz (1646-1716), Russell (1872-1970) e Karl Marx (1818-1883), entre outros, como suas influências.

As características do Círculo de Viena são basicamente as seguintes: perspectiva empirista, positivista: "somente há conhecimento a partir da experiência, a qual consiste no imediatamente dado", análise lógica da filosofia da ciência, unificação da ciência e crítica da ciência metafísica. O meio de difusão é a revista *Erkenntnis*, que mais tarde modificaria seu nome para *Journal of Unified Science*. Em 1938, a *International Encyclopedia of Unified Science* começou a ser publicada. As primeiras discussões focaram o critério de validade científica, em contraposição à dedução clássica da ciência metafísica. A comprovação é o critério que estabelece a qualidade do conhecimento científico. O movimento ultrapassou as fronteiras da Universidade de Viena, e surgiram grupos similares em Berlim e na Polônia. A diáspora, ocorrida como consequência da Segunda Guerra Mundial, acarretou sua dissolução, devido à emigração de seus membros para diversas partes do mundo. O movimento internacional recebeu então distintas denominações: *neopositivismo, positivismo lógico, empirismo lógico*. A tendência predominante nos Estados Unidos foi o pragmatismo. O movimento como tal desapareceu, mas as tendências por ele originadas ainda continuam. A importância da filosofia científica, da epistemologia, é muito significativa na Grã-Bretanha e nos Estados Unidos. Alguns dos supostos gerais desse movimento podem ser situados no contexto da filosofia analítica. Embora a filosofia analítica da ciência tenha diversas tendências, seu sentido no mundo anglo-saxão faz referência ao encontro do empirismo lógico do Círculo de Viena com o pragmatismo norte-americano.

Uma das personalidades mais importantes desta nova etapa é Karl Popper, que em 1934 havia editado sua obra *Logik der Forschung*[5], em uma das coleções dirigidas pelos membros do Círculo de Viena, enfrentando o historicismo e o totalitarismo (nazismo e estalinismo). *A Sociedade Aberta e seus Inimigos* e *A Miséria do Historicismo*, ainda que um pouco impregnadas de ideologia, apresentam teses políticas, éticas e sociológicas bastante interessantes. Popper buscava instaurar uma nova corrente, o "racionalismo crítico", distanciada do positivismo e da metafísica, embora, na realidade, se inclinasse para o lado do positivismo e da metafísica, por meio da contrastação e da falseabilidade. As diferenças com o Círculo de Viena são claras. Sua filosofia se mostra antirreducionista na ontologia, não aceita a falta de significados nos enunciados metafísicos. Essas e outras razões às vezes tornam difícil seu enquadramento no campo estritamente analítico do Círculo de Viena. Para Popper, contrastar uma teoria significa tentar refutá-la mediante um contraexemplo. Se não fosse possível refutá-la, tal teoria seria corroborada, podendo ser aceita provisoriamente, mas jamais verificada. A obra de Willard van Orman Quine (1908-2000) e a de Bunge, que sustentam que o mundo é externo à mente do sujeito e existe por si só, segue a mesma linha. Como consequência, essa vertente contrapõe-se ao idealismo ontológico, ou seja, à escola que defende que a única coisa existente são os conteúdos da mente do sujeito. O realismo ontológico também se opõe ao construtivismo, para o qual a realidade é uma "construção social".

Assim, fica evidente que Bunge distingue as coisas (objetos reais ou concretos) do que lhes acontece (fatos), de um lado, e as ideias (objetos conceituais), entre os quais estão dados, hipóteses, modelos e teorias científicas que tratam dos fatos, do outro. Poderíamos considerar que "possivelmente o expoente britânico mais influente tenha sido Alfred Jules Ayer (1910-1989), que, por um curto período, pertenceu ao Círculo de Viena e mais tarde foi professor de filosofia da Universidade de Londres. Sua obra *Linguagem, Verdade e Lógica*, cuja primeira edição foi publicada em 1936, apresenta os princípios do positivismo, dando origem ao nome "positivismo lógico" (Pring, R., 2000, p. 91). O pensamento de Ayer fica patente na seguinte referência:

> Dizemos que uma proposição é significativa se – e somente se – temos como verificar tal proposição, o que ela quer expressar, se sabemos qual é a primazia das observações, realizadas sob determinadas condições, de

tal modo que possamos aceitar a proposição como verdadeira ou rechaçá-la por ser falsa (Ayer, 1946, p. 16).

A epistemologia linguística iniciou-se com o segundo Wittgenstein e seus seguidores. Uma das figuras mais representativas foi Wisdom[6]. Também é importante citar a análise de categorias feita por Ryle e Strawson. Já Austin dá uma norma à análise da linguagem ordinária, tornando difícil delimitar a fronteira entre a filosofia e a filologia. Por fim, devemos dizer que, uma vez que a compreensão do mundo é diferente de um grupo social para o outro e que tais construções são constantemente reelaboradas a partir de novas experiências, é necessária "a tradição interpretativa e hermenêutica por meio da qual tentamos compreender as ideias sob a ótica de uma tradição que as envolve e da qual elas fazem parte. A compreensão de tais diferenças é possível exatamente porque há determinados aspectos da realidade que são permanentes. Isso se aplica tanto ao "mundo físico" como ao "mundo pessoal e social" (Pring, R., 2000, p. 55).

O movimento cultural chamado de pós-moderno, portanto, não pode ser caracterizado como uma rebelião contra o controle e por uma afirmação categórica dos diferentes modos de expressão, já que esta tomada de posição imanente é própria do racionalismo e do idealismo modernos. O paradigma, por meio de seus autores, às vezes apresenta uma tendência que poderíamos chamar de "integrista" com sentido duplo: integrando correntes diversas, de um lado, e, de outro, "amaldiçoando" aqueles que não professam seus pressupostos epistemológicos.

Podem integrar-se em um paradigma de perspectiva ampla inclusive as propostas teóricas cujo estatuto epistemológico seja radicalmente diferente. Uma maneira clara de ilustrar o que acabamos de dizer é o fato de que a consideração do *paradigma do fenomenalismo* acolheu em seu seio correntes cujas naturezas, estruturas e finalidades eram diferentes e mesmo contraditórias.

No século XIX, podemos assinalar de forma concreta, entre outras, as seguintes correntes: o positivismo francês (Comte, 1789-1857; Guyau, 1854-1888), o empirismo inglês (Stuart Mill, 1806-1873; Spencer, 1820-1903), o positivismo (E. Laas, 1837-1885; W. Schuppe, 1836-1913; R. Avenarius, 1843-1896; E. Mach, 1838-1916) e, junto a elas, posições epistemologicamente diferentes, como o neokantismo e o criticismo alemão (A Escola de Marburgo, com H. Cohen (1842-1918); N. Hartmann Junior (1882-1950); e, por outro lado, a Escola de Baden, com W. Windelbrand (1848-1915); H. Rickert (1863-1936). Além disso, houve uma tentativa de integração de ambas as escolas, fato pelo qual se pode assinalar Br. Baunch (1877-1942) e o pragmatismo alemão (F. A. Lange, 1828-1875, o ideal da poesia, como ídolo; H. Vaihinger, 1852-1932), os ingleses e os norte-americanos (Lange, W. James (1842-1910); Ch. Peirce (1839-1914), F. C. S. Schiller (1864-1937), J. Dewey (1859-1952), etc.).

A situação em que nos encontramos atualmente, simplificando a problemática, é que o paradigma modernista, considerado no sentido amplo, em suas duas formas ou vertentes principais (*empirismo-positivismo* e *racionalismo-idealismo*), não resolveu os problemas, as necessidades humanas, de modo satisfatório; o desenvolvimento humano é insustentável e começou-se a propor um novo paradigma que passou a ser chamado de pós-modernismo. No entanto, não há consenso sobre o sentido e o significado do novo paradigma. As propostas são variadas e heterogêneas e a grande maioria delas não passa do "mais do mesmo", seja pela linha predileta da ciência moderna (empírico-experimental), seja pela vertente dialética própria do idealismo crítico. Não somente a primeira, a ciência moderna, tem suas raízes na modernidade, como também as propostas idealistas e críticas.

Junto a esses dois paradigmas havia surgido, no século XIX, a proposta do *paradigma fenomenológico* de Husserl (1859-1938), como uma terceira via: a redução "eidética" oriunda do idealismo, mas buscando a objetividade e o conhecimento do "mundo exterior"; trata-se, como já dissemos, de um *retorno às próprias coisas*. Essa postura é principalmente de reação contra o psicologismo e o imanentismo do conhecimento. O centro de sua reflexão é a essência, com a pretensão de reabilitar esse princípio clássico do conhecimento. A lógica e a ontologia nele formal têm uma correlação íntima. A decisão estratégica do retorno para o que as coisas são e significam, mediante a "redução eidética", apenas encontrou um caminho expedito na prática psicanalítica, mas se mostrou insuficiente para a explicação reflexiva ou para a compreensão de qualquer situação humana. A redução do estado atual da tradição, de todo saber anterior, etc., não é garantia de veracidade. A pretendida redução metodológica torna-se impossível ao estabelecer a regra principal do retorno às próprias coisas.

SÍNTESE E PERSPECTIVAS

Simplificando o complexo panorama, por motivos didáticos, podemos dizer que os paradigmas atuais que mantêm alguma vigência e as propostas paradigmáticas são os seguintes:

a) O paradigma do realismo filosófico.

b) O paradigma científico-tecnológico moderno.

c) O paradigma hermenêutico.
d) O paradigma crítico-interpretativo.

a) ***O paradigma realista.*** A lógica como instrumento do conhecimento, compartilhada por Aristóteles e alguns filósofos da atualidade, ainda que tenha sido expulsa e declarada uma anátema por algumas forças, as quais talvez deveriam ser chamadas de reacionárias, no contexto de determinados idealismos críticos. A ciência metafísica, derivada da percepção direta e imediata das coisas, que seria mais adequadamente chamada de "filosofia primeira", consideramos sob a perspectiva do tempo, a qual, talvez por preconceitos ilustrados contra a tradição, foi expulsa do cenário da modernidade pela filosofia crítica. Além disso, pelo preconceito cartesiano (que prioriza o pensar em relação ao ser) e pelo kantiano (a percepção é sempre fenomênica) questiona-se, se não a existência do "mundo exterior", como já indicamos, a possibilidade da existência de tal realidade. A partir deste momento, a "Circe" kantiana atrai, com seu doce canto, os imprudentes náufragos do mundo da filosofia para a margem do filosoficamente correto, isto é, para a extremidade idealista.

b) ***O paradigma científico-tecnológico.*** Origina-se, como lembramos sucintamente, do empirismo moderno e deriva imediatamente do positivismo, que considerou o experimental como o único método científico. A qualidade do conhecimento científico, em sua versão atualizada do neopositivismo, responde às finalidades do planejamento hipotético-dedutivo experimental: maximizar a variância sistemática primária (encontrar os valores ótimos ou aumentar a magnitude dos mesmos na variável experimental), minimizar a variância do erro (melhorando os instrumentos de medida e a representatividade das amostras, quando se trabalha com grupos) e controlar a variância sistemática secundária (a qual ameaça a validade interna e externa da investigação, como já mencionamos). Desta forma, acreditam estar garantindo a validade interna (estabilidade das relações e funções de causa-efeito, em termos de probabilidade ou incerteza) e a validade externa da investigação (o poder de generalização em outros contextos ou âmbitos similares).

c) ***O paradigma hermenêutico-interpretativo.*** Tem como finalidade da investigação o significado. Lembremo-nos de que na mitologia grega, Hermes é o mensageiro e o intérprete dos deuses. A etimologia desse nome provém do grego *hermeneuein* (interpretar) e *hermeneia* (palavra, exposição, interpretação). Outros vocábulos semanticamente afins são *hermeneutikós*, que se refere à interpretação, o qual provém de *herменéus*, intérprete, explicador ou tradutor. Outro sentido é "aquele que pronuncia". A Hermenêutica, por conseguinte, é a ciência, a técnica e a arte da interpretação textual. A hermenêutica atual se origina em vários autores. F. Schleiermacher (1768-1834) considera a hermenêutica como a arte da compreensão, da interpretação em um sentido duplo, gramatical e psicológico que deve ser considerado em seu contexto. W. Dilthey (1833-1911) também influenciou, ampliando a compreensão como a finalidade de todas as ciências. A compreensão (*Verstehen*) exige necessariamente o *contexto histórico*, onde realmente se dá a vida dos personagens e a cultura dos grupos humanos. Para Martin Heidegger (1889-1976), a compreensão e a interpretação são dimensões radicais de nossa existência, que nos ajudam a iluminar o conhecimento do mundo. Paul Ricoeur (1913-2005) considerava que o texto e a atividade humana são um sistema fechado; a mentalidade do autor pode ser interpretada por meio de sua própria obra. Trata-se de "decifrar os símbolos, entendendo-se como símbolo uma expressão linguística de sentido duplo, que exige uma interpretação" (Ricoeur, 1965). A partir das pinceladas desses autores, podemos concluir, considerando a hermenêutica como uma teoria da interpretação. A problemática epistemológica surge ao considerar que a interpretação se dá em todo o conhecimento humano. A interpretação não é um ato supérfluo, secundário, porém crucial no entendimento humano. A interpretação é a compreensão da realidade e da verdade; ela é compreensão humana, antropológica, que tem a ver diretamente com o sentido. Ela supõe uma superação do historicismo na prática investigadora. Não se trata de estabelecer relações de causa e efeito (uma perspectiva analítico-causal), nem se trata da explicação científica, mas da interpretação abrangente (*Verstehen*) da realidade cultural. A hermenêutica afirma o universo do discurso humano sob a perspectiva da intencionalidade. Tal problemática hermenêutica deriva, de certa maneira, do idealismo alemão, ao considerar a "razão mediadora" hegeliana.

A fenomenologia, por outro lado, ainda que busque a objetividade, a *quididade*, aquilo que o objeto é e significa (repetimos mais uma vez), deve considerar como dada a proposta de redução eidética apresentada, no âmbito do paradigma hermenêutico. A *epistemologia* hermenêutica propõe uma *verificação intersubjetiva* como o melhor procedimento para análise. As dimensões são, como consequência, o *texto ou contexto*, a intencionalidade do protagonista e o mundo que se revela por meio dele. Alguns exemplos clássicos que já mencionamos são os correspondentes à mitologia grega e, junto com esses, a tradição dos livros sagrados da civilização judaico-cristã, a interpretação das inscrições da cultura egípcia, etc. Tais são ilustrações da tarefa da interpretação através dos tempos. Seria possível assinalar variedades ou classes de interpretação?

Podem ser diferenciados três tipos fundamentais de interpretação[7]: a) *Interpretação intransitiva*, que tem uma função meramente de reconhecimento, própria da filosofia e da história. O objetivo é o próprio entendimento; b) *Interpretação transitiva reprodutiva ou representativa*, ou seja, *traduzível*, como o drama e a música, cujas modalidades se buscam entender; c) *Interpretação normativa ou absoluta*, própria da ciência jurídica e teológica, na qual se interpreta a regulação do comportamento humano.

A interpretação sempre se situa entre a relação objetivo-subjetiva, já que o intérprete em sentido estrito é, com mais propriedade, aquele que entende melhor o autor do que ele próprio, ou ao menos de um modo novo, diferente. Qualquer que seja a modalidade da interpretação, a finalidade é compreender o sentido antropológico de uma obra, texto ou contexto. Temos que decodificar e recodificar para interpretar devidamente. O símbolo mediador é a linguagem. A estrutura do mesmo é antropológica, refere-se ao ser humano e, consequentemente, também se refere às possibilidades e aos limites do conhecimento, razão pela qual às vezes são introduzidas perspectivas críticas que se servem de dois dos paradigmas assinalados (hermenêutico-interpretativo e crítico). Isso ocorre quando a comunicação converte-se no "querer-dizer", sem ter qualquer sentido transcendente. De acordo com este posicionamento, a linguagem converte-se em dialética ou retórica, ou, na melhor das hipóteses, em poesia intimista.

A técnica mais usual é a *análise de conteúdo*. Ela é realizada em duas modalidades, preferencialmente na *base não gramatical* (a análise dos termos que aparecem em um texto) ou na *base gramatical* (a seleção de um parágrafo, artigo, etc.). O objetivo da análise é o sentido, razão pela qual entramos na teoria linguística da comunicação e também na teoria semiológica da significação. O procedimento metodológico segue três passos principais: a) Determinação da unidade de análise; b) Categorias para a classificação ou análise; c) Regra para alocação dos dados em categorias.

d) ***O paradigma crítico e a metodologia dialética.*** Este último paradigma se fundamenta na filosofia crítica. Segundo a perspectiva crítica, um ou outro procedimento metodológico é selecionado. A crítica moderna nesse caso não tenta aquilatar nosso conhecimento para se conformar melhor ao ser, mas julga o ser a partir do pensar. O denominador metodológico comum é a *dialética*, a análise de uma *tese*, sua *antítese*, para alcançar uma nova síntese superadora. A *contradição* é o motor do progresso do conhecimento. As possibilidades e os limites da dialética serão analisados posteriormente, quando refletirmos sobre os princípios do conhecimento científico. Por ora basta dizer que, inclusive a partir das posições neomarxistas, após a segunda metade do século XX, o princípio fundamental da não contradição será reabilitado.

O termo dialética tem assumido diferentes significados ao longo da história da filosofia. Etimologicamente, o termo remete a duas palavras gregas: *dia* (de um para o outro) e *legein* (dizer, explicar, determinar, definir), motivo pelo qual seu sentido mais usual seria o da "arte do diálogo". O sentido de enfrentamento, oposição e contradição é o que tem tido mais destaque em todas as concepções filosóficas da dialética. Por ser o *logos*, razão e determinação de algo (a definição), ele traz consigo a determinação do contrário ou do outro que não é ele. A definição de uma coisa (o dia) é sempre a definição do seu contrário (a noite), e a afirmação de um termo implica a negação de seu oposto. Por isso, acabou-se identificando a dialética com a *erística* (a arte da controvérsia), muito utilizada pelos sofistas.

Platão entendia a dialética de duas maneiras. Sua primeira acepção seria de um caminho ou método mediante o qual gradualmente passamos de uma mera opinião (imaginação e crença) ao verdadeiro conhecimento (*episteme*) da realidade: a contemplação imediata e intuitiva das ideias (*eidós*), cujo alcance não é possível sem uma dose de ascetismo e renúncia aos sentidos e ao corpo. Em *A República*, Platão estabelece uma correlação entre os graus de conhecimento e os distintos graus do ser, com as ideias ocupando a hierarquia máxima tanto gnoseológica como ontologicamente. Por isso, nessa primeira concepção, a dialética, concebida como o caminho e o método do conhecimento e da ciência, também é o caminho da liberdade e da justiça.

Em sua segunda acepção, adotada nas obras *Filebo*, *Parmênides* e *O Sofista*, Platão concebeu a dialética como um exame das diferentes ideias e das relações que mantêm entre si, mostrando sua união (*symploké*) e comunicação (*koinonía*). Tal concepção seria duramente criticada por Aristóteles, para quem a unidade do ser não podia ser a de um gênero. A *dialética é uma pseudociência indutiva*, meramente provável, que não contribui com conhecimentos científicos e que deve ser substituída pela lógica como método e instrumento capaz de propiciar um conhecimento universal e necessário sobre o particular, mediante o silogismo.

Na mesma linha, o estoicismo concebeu a dialética, junto com a retórica, como uma das divisões da lógica, e Kant como uma "lógica da aparência", mediante a qual a razão ultrapassa os limites de toda experiência possível. As ideias de alma, Deus e mundo fazem um uso ilegítimo das categorias ao não poderem ser aplicadas aos fenômenos. A dialética apenas permite uma análise da "validade do contexto", já que tornará a recuperar, durante a modernidade, seu sentido "duro", com Hegel, que a entenderá sob dois aspectos distintos: o *ontológico* e o *lógico*, por meio dos quais identificará a realidade e a razão, o sujeito e o objeto.

Como *ontologia*, a dialética hegeliana é claramente embasada em Heráclito e no monismo de Spinoza, já que concebe a realidade de maneira dinâmica, mas como uma oposição de contrários, produto de uma razão (Espírito) absoluta, infinita e criadora que se estende e se transforma com uma finalidade: a total autoconsciência de si. Considerando a dialética como *lógica*, Hegel acredita que existe uma ordem no fluir contínuo das contradições, o qual, entendido como um devenir da realidade (objeto) em direção à reflexão de si mesma (sujeito), pressupõe uma lei racional: a lógica. A nova lógica proposta por Hegel não se embasa, contudo, no princípio da identidade, mas no princípio da contradição. A lógica dialética é incluída na fenomenologia do espírito e permite que a filosofia se converta em um sistema: a culminação de todos os conhecimentos. Invertendo a postura de Hegel, Marx construiu uma dialética em torno da matéria (e não da ideia), cuja finalidade não era a simples teorização e justificação da realidade, mas sua transformação revolucionária.

A diferença fundamental entre Hegel e Marx reside no que cada um afirma como sendo a causa desse movimento no processo histórico. Hegel o atribui ao Absoluto, que também podemos chamar de Deus, Inteligência Suprema, Espírito Cósmico ou seja lá como queiramos denominar uma determinada força extraterrestre. Já Marx afirma que são as causas econômicas que influenciam os movimentos da história. A dialética moderna, em qualquer uma de suas versões, é insuficiente para a análise social, uma vez que somente pode descrever a "validade do contexto", daquilo que ocorre, mas não a "validade da justificação", ou seja, a explicação e a demonstração do que é genuinamente humano, que faz referência à dignidade universal da pessoa e dos valores que são incorporados a ela.

Por fim, consideramos, como um resumo do exposto, que o paradigma científico-tecnológico somente pode explicar o mundo físico, material, devido à própria definição do método e que, dadas as formas de produção e trabalho da tecnoestrutura globalizada, infelizmente o valor emergente é predominantemente o preço. O paradigma crítico-interpretativo, o histórico crítico, próprio da dialética, somente permite, na melhor das hipóteses, compreender a contradição social, isto é, ele somente tem validade para descobrir aquilo que ocorre em um momento histórico e cultural de um contexto concreto. É necessário superar o imanentismo moderno, mas não se pode priorizar o pensar em relação ao ser, e o redutivismo fenomenológico da percepção é um erro gnoseológico; o fato de as coisas não serem sempre como parecem não nos permite inferir que nunca o sejam. O relativismo gnoseológico é a causa do relativismo ético e cultural. É necessário recuperar a confiança na intuição empírica e intelectual do ser humano, que permite os conceitos de forma imediata e, posteriormente, a abstração sobre a realidade, a verdade e o bem, em cujas "quadras" se jogam a vida digna e os valores universais. A significação é uma tarefa posterior ao substancial e essencial.

NOTAS

1 A Ontogênese é uma proposta teórica e hipotética segundo a qual a vida tem uma tendência natural a evoluir, segundo alguma "força" diretriz, interna ou externa.
2 *Evolutionary Theory and the Rise of American Paleontology*. Nesta obra e nas publicações posteriores, o autor afirma que a evolução das espécies não se dá de modo uniforme, mas em períodos de evolução rápida, inferindo sua teoria da escassez de formas intermediárias encontradas entre os fósseis animais.
3 Locke, John: *Ensayo sobre el entendimiento humano*, Fondo de Cultura Económica, Méjico, 1956.
4 *Dicionário de Filosofía* de Ferrater Mora, Alianza Editorial, Madrid, 1974, p. 29.
5 Popper, K. *La Lógica de la investigación científica*. Madrid: Tecnos, 1963.
6 Wisdom, J. (1935) *Philosphy and psychoanalysis*. Oxford.
7 Betti, E. (1995) *Teoria generale della interpretazione*, Milano: A. Giuffré.

REFERÊNCIAS

ARISTÓTELES (1977): *Obras. Política.* Madrid: Aguilar.
ARTIGAS, M. (1998): *Scripta Theologica.* Volumen XXX. "Supuestos e implicaciones del progreso científico". Pamplona: EUNSA.
APOSTEL et. al. (1983): *Interdisciplinariedad y ciencias humanas.* Madrid: Tecnos-UNESCO.
BARRIO, J. M. (1998): *Elementos de Antropología Pedagógica.* Madrid: Rialp.
BUBER, M. (1993): *Yo y Tú.* Madrid: Caparrós.
BOROBIA, J. J. (1998): "*¿Qué* podemos saber?", en *Scripta Theologica.* Volumen XXX. Pamplona: EUNSA.
BOUCHÉ, E. et al. (1995): "La antropología de la educación como disciplina: proyecto de diseño". *Revista Teoría de la Educación.* Salamanca.
CHRISTEN, Y. (1989): *EI hombre biocultural. De la molécula a la civilización.* Madrid: Cátedra.
FULLAT, O. (1997): *Antropología filosófica de la educación.* Barcelona: Ariel.
GILSON, E. (1965): *La Philosophe et la theólogie.* París: Vrin.

______, (2007): *La filosofía de la Edad Media.* Madrid: Gredos.
GOULD, S. J. (1989): *Wonderful Life.* Cambridge (Mass): Harvard University Press.
______, (1993): *Eight Little Piggies.* New York: Penguin.
HIRSCHBERGER. J. (1976): *Historia de la filosofía.* Barcelona: Herder.
KANT, M. (1984): *Crítica de la razón práctica.* Madrid: Austral.
LEWIS, C. S. (1990): *La abolición del hombre.* Madrid: Encuentro.
LÓPEZ-BARAJAS ZAYAS, E. (1997): "Naturaleza humana, bioética y epistemología", en *Vida humana y Bioética.* (Ed. R. Perea). Madrid: Fundación Universidad Empresa.
______, et. al. (1994): *La investigación etnográfica. Fundamentos y técnicas.* Madrid: Servicio de publicaciones de la UNED.
______, et. al. (1995): *El estudio de casos. Fundamentos y metodología.* Madrid: Servicio de Publicaciones de la UNED.
______, et. al. (1996): *Las Historias de Vida y la Investigación biográfica. Fundamentos y técnicas.* Madrid: Servicio de Publicaciones de la UNED.
LÓPEZ MORATALLA, N. y A. RUIZ RETEGUI, A. (1987): "Conocimiento científico. Sentido y limites". En *Deontología Biológica,* Pamplona: Eurograf.
LORDA, J. L. (1998): "Qué es el hombre? (Una vez más)". *Scripta Teológica.* Volumen XXX. Pamplona: EUNSA.
LLANO CIFUENTES, A. (1991): *Gnoseología.* Pamplona: EUNSA.
______, (1994): La articulación de los saberes, *Nota técnica,* Pamplona.
______, et. al. (1987): *Deontología Biológica.* Pamplona: Eurograf.
McMULLIN, E. (1998): "Contingencia evolutiva y finalidad del cosmos", en *Scripta. Teológica.* Volumen XXX. Pamplona: EUNSA.
MELENDO, T. (1992): *La dignidad del trabajo.* Madrid: Rialp.
MILLÁN PUELLES (1990): *Teoría del objeto puro.* Madrid: Rialp.
MONOD, J. (1971): *Chance and Necessity.* New York: Knopf.
ORTEGA y GASSET, J. (1965): *Meditación de la técnica.* Madrid: Espasa Calpe.
PONZ, F. et al. (1987): "Derechos y deberes de la verdad". En *Deontología Biológica.* Pamplona: Eurograf.
PLATON: *Obras completas. El Fedón.* Madrid: Aguilar, 1987.
RUIZ RETEGUI, A. (1987): "Fundamentos éticos de la relación del hombre con la naturaleza". En *Deontología Biológica.* Pamplona: Eurograf.
SERMONDI, G. y FONDI, R. (1980): *Dopo Darwin. Critica all'evoluzionismo.* Milano: Rusconi.
TRIGG, R. (1998): "La racionalidad en la ciencia y la teología", en *Scripta Teológica.* Volumen XXX. Pamplona: EUNSA.
TRIGG, R. (1993): *Rationality and Science: Can Science Explain Everything?* Basil Blackwell, Oxford and Cambridge, Mass.
YEPES STORK, R. (1996): *Fundamentos de Antropología. Un ideal de la excelencia humana.* Pamplona: EUNSA.
VIRGILIO, *La Eneida.* Barcelona: Edicomunicación, 1992.

2

A elaboração de programas inovadores de educação permanente

Emilio López-Barajas Zayas

INTRODUÇÃO

A *inovação do ensino* exige, na sociedade atual, a mudança tecnológica, já que os estilos e as formas de vida dos cidadãos, em muitos casos incluindo a organização da produção e do trabalho, são orientados pela moda do efêmero, especialmente nas sociedades modernas avançadas, uma vez que o consumo é o "motor" dinâmico do progresso das mesmas. Fala-se de *inovação tecnológica, científica, digital, empresarial, de produtos e serviços, educacional,* etc. Assim, a inovação, devido ao caráter imanente que prevalece no pensamento da pedagogia atual, não é tanto de conceitos, mas de elaboração das ideias, dos produtos, dos serviços e dos métodos de trabalho, com a finalidade de estes serem cada vez mais competitivos na tecnologia e na ciência, para o incremento da produtividade. Um exemplo claro é o desafio imposto pela uniformização dos sistemas de ensino superior da Europa. A provocação ou *o desafio europeu está no aumento da competência da ciência, da tecnologia e da cultura,* como ficou claro após Bolonha.

A educação permanente deve levar em conta o sentido moderno da *competência científica*, para sanar seu sentido restritivo, que somente considera a qualidade do conhecimento que é submetido ao controle, ao contraste e à réplica; esse controle é da variância sistemática secundária (variáveis estranhas). Essa forma de conhecimento reduz seu campo heurístico, devido à própria definição do método, ao puramente físico, tecnológico ou material.

A *competência tecnológica* moderna é, em geral, redutivista, pela simples razão de ser "filha da ciência moderna". Assim, a competência exigida dos cidadãos e das organizações deriva do que foi anteriormente exposto, e, portanto, geralmente é eficientista, pragmática, utilitarista. Seu "centro de interesse" é a resolução de problemas de índole preferencialmente física, material, a fim de superar, por meio do valor agregado dos indivíduos e das organizações, a competência própria de seu "meio externo".

A *competência cultural*, devido ao imanentismo epistemológico moderno, à "margem" do racionalismo e do idealismo modernos, é considerada em amplos setores do pensamento como um "produto", devido ao preconceito próprio do humanismo materialista que afeta grande parte do discurso filosófico atual, o qual influi, obviamente, na cultura atual, ao considerar os nichos ecológico, cultural e histórico como determinados por um fluir da luta entre os opostos. Ou seja, o "instrumento de análise social" preferível é a metodologia dialética, materialista, herdada de Heráclito.

A crítica que fazemos não significa necessariamente que a ciência, a tecnologia e a cultura moderna não tenham um "papel a cumprir" no cenário futuro, mas, antes de tudo, consideramos que seja tarefa da educação continuada prestar a ajuda necessária para que, junto aos valores materiais necessários à vida humana, sejam incorporados outros valores de natureza ontológica, substantiva, essencial, os quais abrem o espírito humano para a possibilidade dos direitos humanos universais. E isso se dá não apenas pelo fato de terem sido declarados pelas Nações Unidas em um determinado momento histórico, mas também por configurarem a estrutura ôntica da personalidade humana, por exemplo, a liberdade, a justiça e a fraternidade que Antífona cantou.

Os *planos estratégicos de educação continuada*, dos *projetos e programas de educação permanentes*, devem ter presentes as contribuições próprias da explicação científica, da compreensão interpretativa dos diversos grupos sociais e étnicos e das "ferramentas" tecnológicas modernas que liberam de tarefas servis, mas do sentido do progresso não pode ser exclusivamente em direção a um "humanismo materialista" que leve à sociedade desesperança e mal-estar, mas também deve ser aberto ao "mundo da razão universal", lógica, própria do espírito humano que todos os cidadãos possuem.

A natureza, a estrutura e a finalidade das formas de trabalho e produção social que determinam o mercado atual não podem ser apenas materiais. Essa posição epistemológica a partir da qual é organizada a estrutura e a dinâmica do mercado faz com que o valor seja somente o *preço*. A ausência de uma ética substancial, essencial, e a existência de uma "ética relativista", segundo o momento histórico e cultural, segundo o tempo e o espaço, fazem com que a inovação educacional tenda logicamente ao desenvolvimento material, o qual indubitavelmente é necessário para a vida humana, mas não de forma exclusiva. A dimensão ontológica deverá ser "resgatada", superando o preconceito kantiano quanto à natureza da percepção, própria de uma antropologia que considera o substantivo e o essencial, os valores permanentes, universais, e ela deverá estar presente na inovação se quisermos que o "caminho" nos leve a um mundo mais humano. As "coisas" não são sempre aquilo que parecem, mas isso não significa que nunca o sejam. A "percepção do mundo exterior" ao qual se agregam os valores ontológicos, fundamentais, permanentes, é possível, porque nem sempre a percepção é aparente, fenomenológica.

O planejamento inovador, de natureza técnica, não pode ser somente a resposta às crises do neocapitalismo liberal. Seu propósito não deve ser somente o aumento da "competitividade funcional", no nível corporativo das organizações, pela simples razão de que esse modelo exige cada vez mais tempo para o trabalho, em um processo vicioso, motivo pelo qual cada vez temos menos tempo para a família, para o amor, para o ócio contemplativo e para o descanso. Recordemo-nos de que os gregos, no pensamento clássico, justificam o trabalho enquanto possibilidade para o ócio.

Não podemos estimular a inovação apenas com base nas possibilidades tecnológicas que derivam da ciência moderna nem somente com base no outro extremo moderno, no relativismo radical dos valores que o idealismo moderno gera em suas diversas facetas, como o construcionismo cognitivo e social, ao considerar que o "homem" é a "medida relativa" de todas as coisas. O desenvolvimento, que é coerente com todas as dimensões da vida humana, não é somente relativo quanto a alguns valores, mas também contempla principalmente a estrutura ôntica do ser humano.

A inovação da pesquisa e desenvolvimento não costuma ser "revolucionária", como às vezes se diz, já que ela é meramente "mais do mesmo": ciência e tecnologia a serviço de uma produção maior, de interesses materiais, os quais "premiam" principalmente a eficácia produtiva. A planificação da inovação é interpretada como a introdução em uma organização ou unidade social de um elemento novo, ou, quem sabe, não necessariamente novo, que implique um valor agregado de *rentabilidade ou de negócio*, já que ela muda momentaneamente o custo das transações dos dois elementos ou nódulos, ou mesmo, na rede (Cabral, 2002). A inovação não somente deve ser em produtos ou serviços, mas também na *qualidade dos processos* e nos *modos éticos de comportamento* de pessoas, na dinâmica social e nas organizações.

O desenvolvimento exclusivamente tecnocrático exige, reiteramos mais uma vez, das organizações e das pessoas que trabalham nelas, que as constituem e dinamizam, a gestão dos recursos tecnológicos com a eficiência necessária, de modo que prevejam, antecipem ou mesmo produzam a crise necessária que permita abrir caminho para uma *nova vantagem competitiva*, além de fazê-lo no momento oportuno. A integração da tecnologia com caráter estratégico exige que o planejamento oriente os processos e organize e direcione os recursos disponíveis, tanto humanos como técnico-econômicos, com o propósito de aumentar o conhecimento ou imaginar novas formas de obter novos produtos, a melhoria dos processos ou dos produtos que posteriormente serão transferidos às fases de produção e comercialização (Pavón e Hidalgo, 1997).

Ainda considerando que a palavra *competitividade* apresenta uma elevada polivalência semântica, é usual considerá-la, como consequência do redutivismo do sentido anteriormente citado, como tendo um sentido mercantilista. Por exemplo, Ivancevich e colaboradores (1997, p. 5), com muita propriedade, a define como

> à medida que uma nação com um mercado livre e fiel é capaz de produzir bens e serviços que possam superar com sucesso a prova dos mercados internacionais e, ao mesmo tempo, manter e aumentar a renda real de seus cidadãos.

A educação permanente (ou a educação continuada ao longo da vida) é a aprendizagem necessária para o desenvolvimento das competências de pessoas, de funcionários ou de usuários nos momentos oportunos para eles. Uma vez que esse processo de competência tecnológica é dinâmico e constante, ele exige que os cidadãos submetam-se a tal aprendizagem tecnológica se não quiserem se ver *excluídos* dessa sociedade de conhecimento científico e tecnológico.

A *Elaboração de Programas Inovadores* deve ter essa realidade presente, já que os pedagogos, os instrutores em geral, têm de ajudar os discentes neste processo de incorporação às organizações, mas incorporar "valores éticos", substantivos, essenciais. Insistimos que a formação permanente não pode ser exclusivamente tecnológica e competitiva, ela deve responder a todas as necessidades humanas, entre as quais se encontram aquelas que "diagramam" a ética de natureza ontológica. Há valores permanentes que todos devemos respeitar, como a liberdade, a solidariedade, a justiça, etc., e não podemos nos restringir ao sentido das constituições e das leis, que algumas vezes não respondem às exigências da dignidade humana.

A finalidade da formação é a felicidade, e esta é impossível sem o conhecimento e o exercício dos "parâmetros" éticos, individuais e sociais, em cujo cenário se desenvolve a vida plena. Insistimos na importância dos valores imateriais e também daqueles relativos aos contextos culturais e nas diferenças psicológicas, porém, sem a busca dos valores substantivos, essenciais, a "nave" da vida humana estará permanentemente submetida à tormenta, a um "vendaval", e, em muitos casos, ao "naufrágio", sendo arremessada para qualquer lado, frente à indiferença dos demais indivíduos. O "jogo" profissional e o da convivência devem ser limpos. Isso não é fácil, evidentemente, na sociedade moderna avançada, que premia o preço e o relativismo moral, algo que gera, em virtude da posição assumida, um individualismo crescente.

O PROGRAMA MARCO PARA A INOVAÇÃO E A COMPETITIVIDADE

O Programa Marco para a Inovação e a Competitividade (CIP), no contexto europeu, como uma "ferramenta de inovação", deveria, na realidade, ser denominado Plano Estratégico Geral, ou, devido à sua imperfeição, Projeto, dada a ambição de suas propostas. Na primavera de 2003, o Conselho Europeu pediu "a melhoria da competitividade e do crescimento, no âmbito de uma estratégia integrada de competitividade que desenvolvesse a Comissão e examinasse periodicamente tanto as questões horizontais como as setoriais". A resposta à questão da competitividade facilitou o surgimento do Programa Geral para a Inovação e a Competitividade (CIP). Esse programa pretendia reunir sob uma esfera comum os programas comunitários de ajuda específicos e aquelas noções ou partes correspondentes a outros programas comunitários vitais cujo propósito fosse o aumento da produtividade, da capacidade de inovação e do crescimento sustentável, e, ao mesmo tempo, abordasse as preocupações ambientais complementares.

Nesse sentido, o CIP será composto de três subprogramas específicos:

1. ***Programa para a Iniciativa Empresarial e a Inovação***, o qual, na verdade, deveria ser chamado de projeto, devido à amplitude de seus objetivos gerais. Ele dará suporte a atividades horizontais, para melhorar, fomentar e promover a inovação (inclusive a inovação ecológica) nas empresas. Busca fomentar e desenvolver a *inovação setorial* das associações público-privadas de inovação e dos procedimentos para a aplicação da gestão da inovação. É uma ajuda oportuna para a prestação de serviços de apoio à *inovação no nível regional*, especialmente naquelas questões que se referem à transferência internacional de conhecimentos e tecnologias, bem como na gestão da propriedade intelectual e industrial.

2. *Programa Político de Ajuda às TICs (ICTs).* A adoção das tecnologias da informação e da comunicação (TICs) é um pressuposto necessário às sociedades avançadas. Este programa se destina à adoção, ou melhor, à incorporação das TICs por parte dos cidadãos, das empresas, das organizações e dos governos. A política estimula o investimento público nas tecnologias da informação e da comunicação. O programa é baseado na experiência de programas como *eTen* (apoio às redes europeias de telecomunicação), *eContent* (apoio à produção de conteúdos digitais e ao fomento da diversidade linguística) e os programas *MODINIS* (que buscavam garantir a continuidade do plano de ação Europa eEurope 2005, mediante a difusão das boas práticas, a comparação dos resultados dos Estados-membros e o apoio às ações de sensibilização destinadas a reforçar a segurança das redes e da informação). O propósito do Programa Político de Ajuda às TICs é o aperfeiçoamento das sinergias entre elas e o impacto produzido pelo desenvolvimento dos mesmos. O apoio ou a ajuda do CIP visa o desenvolvimento do espaço único europeu da informação e a consolidação do mercado interno de produtos e serviços da informação. Ele busca fomentar a inovação, ampliando a adoção das TICs e os investimentos nas mesmas, para o desenvolvimento e a maior competitividade de uma sociedade da informação e de serviços cada vez mais eficazes nos contextos ou ambientes de interesse público, ao mesmo tempo em que trata da melhoria da qualidade de vida dos cidadãos.

3. *Programa Energia Inteligente para a Europa.* Este programa tem os mesmos objetivos da Comunidade Europeia, acordados para o setor da energia sustentável, a fim de estabelecer um desenvolvimento humano e social de qualidade e, ao mesmo tempo, facilitar a aplicação adequada do programa regulador em matéria de energia. Como consequência, o programa busca incrementar o nível de investimento em tecnologias novas e melhorar a demanda por eficiência energética, bem como buscar fontes de energia renovável e por uma diversificação energética mediante uma maior sensibilização dos agentes sociais da União Europeia. Os países que poderão participar no CIP são os membros do espaço EEES, os países candidatos à adesão e os países dos Balcãs ocidentais. Há acordos bilaterais previstos com outros países vizinhos ou interessados em cooperar com a Comunidade Europeia nas atividades de inovação.

Este Programa Marco para a Inovação e a Competitividade (CIP) para o período de 2007-2013, adotado em 24 de outubro de 2006 por Decisão do Parlamento Europeu e do Conselho, foi publicado no Diário Oficial da União Europeia em 9 de novembro de 2006, buscando atender aos objetivos da estratégia de Lisboa renovada e, dessa maneira, fomentar o crescimento e o emprego na Europa (CIP). O Programa Marco apoia medidas a favor da competitividade e da capacidade inovadora dentro da União Europeia, fomentando, em particular, a utilização das tecnologias da informação, das tecnologias ecológicas e das fontes de energia renováveis.

Por fim, devemos ressaltar que o desenvolvimento da competitividade na União Europeia tem um marcante caráter eficientista e pragmático a serviço do rendimento material, no qual não estão presentes os valores que poderiam resgatar as formas de produção e trabalho das chamadas sociedades avançadas, ou seja, os valores ontológicos, substantivos, essenciais, permanentes. A ciência moderna que pressupõe, por um lado, o controle, o contraste e a réplica, a tecnologia que dela deriva e, por outro lado, a ferramenta própria do racionalismo moderno que favorece o relativismo ético, não são propósitos suficientes para uma vida humana plena.

Neste cenário competitivo, os educadores e instrutores têm uma tarefa mais "humilde", ainda que, talvez, mais valiosa, já que os propósitos do Programa Marco não teriam valor algum se os educadores e instrutores não dedicassem seu trabalho diário à melhoria das competências dos cidadãos. A inovação na educação implica, portanto, a participação dos docentes e agentes sociais em tarefas de aprendizagem e, para isso, o planejamento de programas que propomos está em um nível mais próximo das pessoas, no nível imediato, no qual educadores e instrutores prestam seus serviços e, portanto, o programa, do ponto de vista didático, se insere tecnicamente em um plano estratégico geral.

A *inovação valiosa* que o programa elaborado pretende introduzir deve levar em conta, caso deseje alcançar resultados excelentes, não somente metas tecnológicas, próprias da antropologia cultural ou da filosofia da organização moderna, mas também deve considerar, no presente e no futuro, uma abertura mais ampla em relação a valores que possam estabilizar a organização do tempo, ou seja, devem ser incorporados valores próprios de uma axiologia ontológica, substantiva, essencial, valores permanentes, "forças ou virtudes" comuns, próprios da condição universal humana.

Portanto, a elaboração de programas deve superar o preconceito kantiano de que em nenhum caso é possível conhecer as "coisas em si" nem o "mundo exterior" onde residem os "valores universais". Ela também deve superar o redutivismo próprio do pensamento crítico, ou seja, a dialética moderna em seu sentido estrito, a qual considera a luta dos contrários como o único propulsor do progresso humano e social.

Sem dúvida, a análise dos conflitos nas organizações permite conhecer o que ocorre em um contexto e em um momento concretos, isso é, permite conhecer a "validade do contexto", como ocorrem os fatos, mas isso não é suficiente. Na qualidade de educadores e instrutores, precisamos saber o que deveríamos fazer no futuro para evitar os conflitos, afinal, sempre é melhor prevenir do que "remediar", e quando a "contradição" alcança o nível de conflito, as formas pacíficas necessárias para restabelecer uma vida digna, que possa ser considerada humana. Em outras palavras, deveríamos considerar a "validade da justificação" dos fatos sociais, como deveríamos proceder sob uma perspectiva ética, como ensinar as noções éticas fundamentais que estão além das ideologias do momento, considerando esses princípios como os parâmetros que convêm às pessoas e às organizações sociais, para estabilizar suas vidas de forma plena.

A metodologia da Elaboração de Programas que propomos pretende ser *uma pauta prática* que possa ajudar educadores e instrutores em suas atividades profissionais, em seu trabalho próprio, prático, seja em organizações formais ou informais, na melhoria dos resultados da aprendizagem ou na dinâmica das relações humanas nos ambientes das organizações.

Consideramos, do ponto de vista operativo, que os níveis da planificação estratégica são: *plano geral, elaboração de projetos* e *elaboração de programas*. A elaboração de programas, portanto, é o nível mais concreto. Pode-se dizer, descritivamente, que *um plano geral é um conjunto de projetos de formação, e um projeto, um conjunto de programas*. O plano geral, às vezes equivocadamente chamado de "programa geral", deve ter um número de projetos equivalente às necessidades de inovação identificadas e às que se deseja responder por meio da formação e, é claro, que sejam de natureza instrutiva. Advertimos que somente quando um projeto de formação é muito complexo, devido ao fato de que a necessidade que ele deseja satisfazer também o é, ele deve ser "subdividido em programas".

Por fim, devemos dizer que *os planos gerais respondem às políticas e diretrizes de inovação* da organização, os *projetos respondem aos objetivos gerais* de inovação, e os programas, aos *objetivos específicos ou às metas* de inovação.

Devemos também dizer que uma programação é válida se os programas elaborados forem capazes de responder às necessidades de aprendizagem e, além disso, motivarem os que os recebem, se eles desencadeiam uma aprendizagem significativa por parte dos usuários e elevam seu nível de competência, ainda que minimamente. A *importância lógica*, por outro lado, necessária como característica do programa de inovação, é a adequação do mesmo à realidade da aprendizagem que se deseja que seja adquirido com os discentes. A *importância psicológica*, em suma, é a adequação do programa aos interesses e às necessidades de seu usuário. Consequentemente, se um programa não interessa a um grupo de usuários ou discentes, será necessário previamente "interessá-los", mostrar-lhes a necessidade do mesmo, caso contrário o rendimento será provavelmente insuficiente.

Qual é o estatuto epistemológico da elaboração do programa que propomos? Que passos ou etapas devemos seguir na elaboração de um programa de formação para a inovação? Os passos ou as etapas principais da criação de um programa de inovação serão detalhados a seguir (López-Barajas Zayas, 2006).

A ESTRUTURA DE UM PROGRAMA DE EDUCAÇÃO PERMANENTE

A estrutura do programa é configurada por meio das seguintes dimensões ou aspectos: a valorização do programa, o propósito do programa, as características cognitivas de entrada, a qualidade do processo de ensino e aprendizagem, os blocos de conteúdos, as características dos docentes, os módulos de aprendizagem, a elaboração das unidades didáticas, o cronograma e o guia didático (López-Barajas Zayas, 2006). Assim, na prática, quando é necessário elaborar um programa de modo operativo, os passos são os seguintes:

Primeiro Passo: ***Valorização do programa***

Nesta etapa, o educador ou instrutor deve buscar demonstrar a importância que o programa de educação permanente tem em cada caso, ou seja, a "vantagem pessoal" de segui-lo e a relação com o projeto de educação permanente, caso existente, no qual ele se insere; e, por sua vez, o plano estratégico de educação permanente ou o programa geral ao qual ele pertence em cada meio institucional, empresarial ou organizacional. Portanto, o programa de educação permanente deve ser coerente com o plano estratégico geral e com o projeto de formação do qual faz parte. Isso permitirá a identificação dos respectivos processos de aprendizagem com as políticas e estratégias da organização nas quais o programa se desenvolve, além de ser coerente com os processos gerais dos recursos humanos da empresa ou organização ao qual ele pertence. Este é o desafio da programação: conseguir que o programa responda ao mesmo tempo às necessidades dos ambientes interno e externo da organização e às demandas próprias oriundas dos empregados e dos usuários dos produtos e serviços respectivos em cada caso. Isso é inevitável, uma vez que cada projeto de educação permanente atende, como já indicamos, a uma necessidade prioritária da organização ou das pessoas, razão pela qual reiteramos que *cada programa de educação permanente deve atender a uma necessidade específica identificada* que seja prioridade das pessoas.

Cada programa de educação permanente responde a uma dimensão ou a um valor da necessidade prioritária detectada em seu dia. Quando se trata de programas de educação permanente (ou da educação permanente em geral) que visem ao emprego, deve-se assinalar ao menos o seguinte: perspectivas de trabalho, índices socioeconômicos, benefícios obtidos com cursos anteriores e o nível atual da demanda. Pode-se agregar, em cada caso concreto, qualquer outra consideração que os educadores ou instrutores julguem fundamentar a realização do programa concreto do qual se trata.

Segundo Passo: *Propósito do programa*

O propósito da inovação deve ser orientado para uma *mudança valiosa*. Por essa razão, temos de ter presente, antes de formular as metas do programa, as diretrizes ou políticas gerais da organização, bem como os objetivos gerais assinalados no projeto de educação permanente. Os *objetivos gerais são próprios dos projetos de educação permanente*, enquanto as metas ou os objetivos específicos são próprios dos programas. Mais uma vez, gostaríamos de deixar claro que estes se integram a um objetivo geral previamente definido, isso é, os objetivos definidos no projeto de educação permanente. *Os objetivos específicos, portanto, derivam ou nascem dos gerais*. Para uma melhor compreensão, devemos nos recordar de alguns conceitos expostos anteriormente. Descendo na pirâmide teleológica (na definição de objetivos de um sistema), iniciamos com base nas políticas ou diretrizes gerais, as finalidades do plano estratégico, passando pelos objetivos gerais dos projetos, até alcançar os objetivos específicos dos programas, que também chamamos de metas. Vai-se do mais genérico ao mais concreto. Além disso, sempre que possível, os objetivos específicos podem ser definidos como objetivos operativos, ou seja, é possível avaliá-los tecnicamente por meio da observação direta.

Abaixo desse nível e em uma situação a mais concreta possível, encontraremos apenas as *tarefas ou atividades*, a "serviço da consecução" dos objetivos específicos ou operativos. Portanto, definir objetivos específicos pressupõe que tenham sido tomadas decisões entre alternativas válidas, pois em caso algum devemos nos esquecer da congruência necessária com os níveis superiores na definição dos objetivos, ou seja, da sintonia com os objetivos gerais correspondentes. A definição de objetivos é a redação de uma proposição que tenha sentido. Outros problemas que devem ser superados são de tipo semântico, já que se deve conseguir que a significação do objetivo seja unívoca (tenha clareza e precisão) e, além disso, deve-se levar em conta o caráter prático, o que se consegue por meio da especificação do *comportamento* a seguir e do *contexto* no qual se pretende alcançar o objetivo específico.

A *inovação valiosa* leva em conta o fato de que a definição de objetivos específicos, por parte dos educadores, permite, mais tarde, a avaliação e, posteriormente, a própria investigação dos processos de educação permanente, ainda que para alguns autores tal definição inclusive suponha uma redução do docente encarregado a uma prática rotineira, a uma função tecnológica. Não obstante, é importante dizer que a concretização é um pressuposto da análise técnica, a qual, por sua vez, é outro elemento essencial da elaboração do programa de educação permanente, para o qual é necessário especificar os pontos de partida e chegada. As metas ou os objetivos específicos devem ser traduzidos em termos "operacionais", o que não significa que isso seja sempre por meio de observação direta em sentido estrito, como já dissemos ao nos referirmos aos objetivos operativos. Consideramos que, quando se trata de *competências*, cabe definir os objetivos operativos, mas não em todos os casos, já que forçar esse processo seria, na maioria da vezes, uma redução à avaliação das aparências, às coisas que são sensíveis, deixando de lado na prática outros objetivos mais valiosos que fogem à observação direta. Além disso, deverão ser considerados os *objetivos de natureza ética* que ancoram a estabilidade pessoal e da organização.

O componente axiológico próprio das finalidades, das políticas e das diretrizes gerais pode estar presente no ato didático, sem que por isso sejam especificadas as metas ou esquecidos os processos internos não observáveis diretamente. Além disso, é somente por meio de uma estratégia curricular meditada que se pode promover o desabrochar daquilo que é mais genuíno no homem, suas capacidades mais originais. Algumas ideias precisas explicitam claramente essa posição: a) Os objetivos gerais descrevem a conduta formal a ser seguida. O conteúdo e o meio onde elas terão lugar estão mais bem inseridos no objetivo específico; b) Os objetivos gerais devem ser analisados e reformulados de forma específica. Cada verbo ou infinitivo de ação será um objetivo, portanto a proposição ou a frase não deve ter mais de um deles; c) Os objetivos específicos ou as experiências às quais eles dão lugar devem ser definidos com precisão; d) Os objetivos ou as tendências são caminhos, direções oportunas, mais do que pontos de chegada.

A negação didática da especificação de objetivos supõe que a programação se sustente em objetivos carregados de alto grau de generalização e, portanto, de ambiguidade, sendo demasiadamente "teóricos", assim como de certa maneira também supõe, do ponto de vista da medição, a renúncia à possibilidade de dispor de instrumentos objetivos dos resultados alcançados. Por outro lado, a concretização permite estabelecer metas comuns que dinamizam a comunicação entre os grupos (departamentos, seções e equipes) em ambas as direções (discente-docente), ao serem conhecidas as exigências do programa, dos meios e do nível de aprendizagem necessária. Convém advertir que a elaboração de um programa baseado em alguns objetivos comuns de desenvolvimento de *competências genéricas ou específicas* não significa necessariamente a ausência de objetivos facultativos e livres.

Algo que muitas vezes parece ocorrer no nível institucional ou da organização, quando os fins e os objetivos não estão claros, é que os paradoxos são frequentes. Distintos educadores, por exemplo, afirmam estar buscando o mesmo objetivo de formação mas, na realidade, eles estão atuando de maneira muito diferente e mesmo contraditória. A solução pode estar na consideração de uma organização do currículo baseada não somente, como já advertimos que poderia ocorrer, em definições operacionais, que fazem referência a um sentido longitudinal, mas também em definições estruturais dos objetivos (interdependência com os demais do programa de educação permanente e natureza dos mesmos), resolvendo, ao mesmo tempo, certos problemas de interdisciplinariedade (objetivos comuns sincronizados) e alcançando um controle autêntico. Caso contrário, o programa de educação permanente seria um barco à deriva. Um autor, citando a fábula do cavalo-marinho que ficava realmente contente na boca do tubarão, nos disse que aqueles que não sabem aonde querem ir não deveriam estranhar quando chegam a outro lugar.

A inovação educacional de valor, em suma, considera que as *hierarquizações axiológicas* facilitam a definição das finalidades da educação ou da formação; as *taxonomias* facilitam a definição dos objetivos gerais; e os *objetivos específicos*, a possibilidade de avaliação de aspectos técnicos do programa.

Terceiro Passo: *Características cognitivas de entrada*

Sempre que possível, os educadores ou instrutores devem conhecer as *características cognitivas de entrada*, ou seja, a situação real dos estudantes ou usuários de um programa antes do seu início. Eles devem investigar se esses alunos concretos dispõem dos *esquemas cognitivos*, da base de aprendizagem suficiente para abordar as dificuldades do programa ao qual serão submetidos. Os professores não devem pressupor que os alunos tenham determinado nível, uma vez que nesse caso as surpresas seriam grandes. A informação deveria ser inserida no plano estratégico geral ou nos projetos de formação que foram previstos, de tal maneira que, antes do início do programa, possam ser conhecidos os possíveis *grupos de incidência crítica* discente. No programa, é necessário descrever com detalhes como é cada um dos componentes dos grupos, já que sempre há alguns traços psicológicos diferenciadores, que devem ser levados em conta, para que os usuários tenham uma aprendizagem valiosa e permanente, ou seja, para que os estudantes *dominem o que foi aprendido*. Já afirmamos anteriormente que a fundamentação e os objetivos são alcançados definitivamente se os programas de educação permanente são atraentes em relação às expectativas dos usuários; agora estamos dizendo que a qualidade dos processos depende em grande parte do conhecimento que os professores tiverem das características psicológicas desses usuários.

Quarto Passo: *Qualidade do processo de ensino-aprendizagem*

As organizações geralmente não fracassam devido à definição inadequada de suas estratégias, mas pela falta de qualidade de seus processos. O conhecimento das características dos alunos (usuários) pressupõe que seja possível identificar as necessidades e os interesses pessoais, a fim de desencadear uma aprendizagem integrada e significativa, e não meramente repetitiva e mecânica. Cada programação ou programa deve girar em torno de um centro de interesse ou de uma experiência que estimule a aprendizagem dos discentes. A compreensão global das metas favorece uma aprendizagem integrada e coerente. O educador deve relacionar qualquer explicação aos conhecimentos anteriores.

A sociedade do conhecimento exige a *participação*. O "fator humano" continua sendo decisivo. Sem a participação do aluno ou usuário não há aprendizagem significativa e os grupos sociais não têm coesão. O que é uma aprendizagem significativa? A aprendizagem significativa, como assinalamos anteriormente, exige a aquisição de novos conceitos, de novos significados, de novas ideias relacionadas com as anteriores, não de forma arbitrária, mas substancial. Em outras palavras, a aprendizagem deve ter a disposição adequada para relacionar o conteúdo novo com a estrutura cognitiva de quem aprende, e esta, por sua vez, com a pessoa do aluno em sua totalidade.

A aprendizagem torna-se significativa psicologicamente quando se relaciona com outra aprendizagem anterior, segundo já dissemos, porém, além disso, deve ter significação lógica, o que supõe que seja adequada ao nível de maturidade, aos interesses e às necessidades específicas do momento.

O aluno fracassa porque, de acordo com seu nível de maturidade, faltam-lhe estruturas lógicas, organizadores do pensamento, modelos de linguagem e métodos de raciocínio. Outras vezes isso se dá devido a uma carência de experiências físicas ou empíricas; e, também, em muitas ocasiões, por escutar afirmações contraditórias, que perturbam, sem explicação alguma, os conhecimentos adquiridos anteriormente. As condições adversas da aprendizagem, um ensino demasiadamente verbal, convertem-na em uma tarefa mecânica, repetitiva, aumentando a dispersão dos alunos e reduzindo o tempo de aprendizagem ativa, sem que sejam alcançadas as competências necessárias, o domínio dos assuntos estudados.

Portanto, a aprendizagem significativa exige uma motivação primária, intrínseca à realidade daquele que aprende, e a participação interessante e interessada, sendo estes termos entendidos em seu mais nobre sentido, um pressuposto da aprendizagem que permanece com o passar dos anos.

Quinto Passo: *Os blocos de conteúdos*

Os blocos de conteúdos dão suporte, como já sugerimos, aos *centros de interesse ou experiência*, os quais são grupos de conteúdos e atividades em torno de questões de significado vital para a consecução dos objetivos e das competências previstas. São estratégias ou construções formadoras que se referem a dimensões ou a aspectos da realidade, que surgem, é claro, de necessidades vitais, humanas, sociais, intelectuais e emocionais, o que permite uma integração entre aquilo que é aprendido sua relação com si mesmo e com o meio natural e transcedente em que a pessoa vive.

Aqui a globalização metodológica encontra a "chave do arco" curricular para o desenvolvimento de competências de qualidade. A aprendizagem globalizada e interdisciplinar é necessária em uma sociedade complexa, como é a própria sociedade do conhecimento e da informação.

Os instrutores devem conhecer as variáveis que favorecem a aprendizagem significativa e devem refletir para identificar as variáveis próprias de cada programa. Essas variáveis são: a motivação, a participação, a expressão, o rigor intelectual, a iniciativa, a aprendizagem por meio da descoberta, a criatividade, etc.

Alguns outros focos de interesse e experiência que podem ser assinalados segundo alguns níveis são: as possibilidades de promoção no trabalho, que derivem de tais aprendizagens, a melhoria da qualidade de vida, a coesão familiar ou emocional, a melhor retribuição econômica, etc.

Sexto Passo: *As características dos docentes*

Na redação de cada programa de educação permanente, devemos definir o professorado que atuará em cada caso e também os monitores ou tutores, se for o caso. A qualidade das competências que um programa de educação permanente pode alcançar depende de cada um dos passos ou etapas e de numerosas variáveis e fatores, mas o mais importante é a *qualidade do professorado*. Um grupo docente capaz de *comunicar com entusiasmo* aquilo que sabe, de motivar os alunos, é decisivo para a construção de um programa de educação permanente, independentemente de ser presencial, a distância, aberto ou virtual.

As características técnicas de um programa dependem de quem o elabora e de sua competência nos conteúdos tratados. A qualidade intrínseca da programação se relaciona com seu valor humanista e técnico.

Sétimo Passo: *Os módulos de aprendizagem*

Os programas podem estar estruturados em módulos de conteúdos que serão conjuntos ou grupos de conteúdos, metodologias e "processos de aprendizagem" que devem ser obtidos. Esses módulos são, em outras palavras, conjuntos de unidades de conhecimentos gerais ou técnicos que têm identidades próprias. Na prática de um programa, eles são as partes gerais e principais do mesmo.

Convém recordar que a sociedade do conhecimento e da globalização, devido à explosão dos conhecimentos, especialmente tecnológicos, pressupõe um crescimento quase exponencial, de progressão aritmética, desses conhecimentos. O conteúdo essencial da educação é algo permanente, mas o conhecimento tecnológico da educação permanente sofre daquilo que tem sido chamado envelhecimento prematuro. Os programas tornam-se obsoletos poucos anos após serem elaborados, o conteúdo torna-se provisório e perde validade científica em períodos de tempo muito breves. A função reprodutiva dos conteúdos técnicos, sua mitificação, não tem sentido verdadeiro nem sequer prático. Os conteúdos que se afastam da realidade não são o norte orientador da ação didática. O caráter técnico dos conteúdos, dado seu caráter subsidiário, submete os conteúdos do programa a uma revisão contínua. Os conteúdos técnicos têm caráter instrumental. Os conteúdos sequenciais, na programação, são precedidos dos objetivos e centros de experiência. Os conteúdos da educação permanente, em grande parte, assim como a programação, voltam-se para o *desenvolvimento de competências técnicas e para a empregabilidade.*

Os módulos de conteúdos também devem ser especificados na programação. Eles devem ser os mínimos imprescindíveis. Devemos destacar, em cada um deles, as vantagens da aprendizagem para os usuários. Os conteúdos dos módulos, além disso, devem ser atuais, com significação e permanência previsível para o futuro. Quando necessário, os conteúdos serão agrupados em blocos.

O problema principal para a organização e para o desenvolvimento de um programa de educação permanente, contudo, está na *seleção ou redução dos conteúdos de aprendizagem*. Trata-se de identificar núcleos de conteúdos especialmente qualitativos, aquilo que é paradigmático, fundamental, elementar, "o conteúdo mínimo" que possa satisfazer as necessidades anteriormente identificadas e priorizadas no plano estratégico e especificadas logo depois em cada um dos projetos de educação: sejam elas pessoais, sejam sociais, do "meio interno ou externo" da organização. Esses conteúdos devem ser humanistas no sentido clássico, científicos e técnicos.

Os *critérios clássicos de redução ou seleção* técnica dos conteúdos podem enfatizar diferentes perspectivas, segundo os propósitos de cada caso:

a) *Psicológico*: a adequação do programa de educação permanente às necessidades, aos interesses e às possibilidades do aluno ou usuário.
b) *Logocêntrico*: a adequação do programa de educação permanente à estrutura sistêmica da disciplina; noções-chave das dimensões culturais e científicas mais importantes.
c) *Sociocêntrico*: a adequação do programa de educação permanente deve priorizar as necessidades sociais da organização ou empresa. Seleção de núcleos cuja importância para a atividade prevista ou o contexto ambiental pareça mais necessária.
d) *Ontológico*: noções próprias da antropologia essencial, chamada filosófica.

A análise da qualidade dos conteúdos da educação permanente, nos programas concretos, leva em consideração os seguintes critérios:

a) O critério da *Validade*: ver se os conteúdos que se pretende transmitir são interessantes, se eles respondem a noções atuais e se são congruentes com os objetivos do programa de educação permanente; além do estudo de sua viabilidade.
b) O critério da *Significação*: uma vez conhecida a realidade que se deseja transmitir, convém que o educador possa valorar a significação que a ação de apresentar tais conteúdos tem para os alunos.

c) O critério da *Adequação*: acessibilidade dos objetivos e conteúdos do programa de educação permanente às estruturas cognitivas e ao interesse do que aprende. Características cognitivas, afetivas e psicomotoras que propiciem expectativas de sucesso acadêmico quando o programa for apresentado.

Oitavo Passo: *Elaboração de unidades didáticas*

As partes de um módulo geralmente são denominadas de unidades didáticas; ou seja, um conjunto de várias unidades didáticas constitui ou configura um módulo de conteúdos. Por extensão, também poderíamos dizer que um programa é um conjunto de módulos de conteúdos ou de unidades didáticas (López-Barajas Zayas, 2006).

Cada objetivo geral e específico, como já mencionamos, deriva de uma necessidade relevante que plausivelmente possa ser satisfeita por meio de uma ação pedagógica e que é anunciada em forma de juízo na redação dos objetivos gerais do projeto de educação permanente. Assim, cada unidade didática inclui, por sua vez, um conjunto de processos de aprendizagem ou unidades de aula. Na prática, as unidades didáticas corresponderão à sequência que denominamos no programa: o *desenvolvimento dos processos* de educação permanente. As unidades didáticas também poderiam ser descritas como os "núcleos de processos temáticos com entidade própria" do programa. Se o conjunto de unidades didáticas forma o módulo de conteúdos, por meio do qual se articula, pode-se dizer que um conjunto de "processos de aprendizagem" forma uma unidade didática. Da mesma maneira que se exige a unidade dos projetos com a cultura, as estratégias e as políticas da organização, as unidades didáticas devem ter coerência interna e estar reciprocamente relacionadas com as correspondentes a cada programa.

As atividades e os exercícios devem sempre se referir aos centros de interesse ou às experiências assinaladas nas outras unidades didáticas próprias do módulo e estarão inscritos em cada objetivo específico, de modo concreto para cada um dos "processos de aprendizagem". Pode-se dizer funcionalmente e de maneira simplificada que um programa de educação permanente é um conjunto formado por um foco de interesse. Suas unidades didáticas, teóricas, técnicas ou de experiência prática, são aquelas às quais se agregam os objetivos específicos e os "processos de aprendizagem" concretos.

Nono Passo: *O cronograma*

O tempo é uma variável importante na elaboração de um programa de educação permanente. Costuma-se considerar o tempo como um recurso muito valioso na vida humana. A distribuição do tempo é essencial desde o primeiro instante do plano estratégico geral. No âmbito do plano estratégico geral de educação permanente, fala-se de *temporalização*; no âmbito do projeto de educação permanente, fala-se de *calendários*; assim, no âmbito específico dos programas de educação permanente, temos de falar em *horários*. Da perspectiva da elaboração do programa de educação permanente, pode-se dizer, inversamente, que os horários devem levar em conta o que foi dito nos calendários (elaboração do projeto de educação permanente), da mesma maneira que estes levaram em conta aquilo dito na temporalização (plano estratégico geral). Seria suficiente para a realização do projeto de educação permanente a atribuição proporcional dos tempos previstos nos calendários e nos horários de cada uma das tarefas. Em termos práticos, pode-se dizer que um conjunto de horários constitui um calendário, e um conjunto de calendários abarca a temporalização do plano geral.

Devemos determinar um período de tempo para cada acontecimento, meta ou atividade, o qual deve ser claramente descrito indicando graficamente sua relação com outros acontecimentos, tanto com o acontecimento ou a situação precedente quanto com o acontecimento ou a situação posterior. Evidentemente, para cada atividade deveremos atribuir, além de um tempo, um lugar e um conjunto de recursos necessários para que seja levada a termo (recursos materiais e humanos). Os *plannings*, que podem ser encontrados em inúmeros modelos no mercado, podem ajudar na atribuição de tempos, em termos práticos. A utilização de chaves permite a distribuição prática dos tempos e dos recursos. Por exemplo: a chave "B 9 H 9 4" significa que o professor B, às 9 horas da manhã, desenvolve o Programa H na sala de aula 9, com a turma 4. A modalidade de educação permanente virtual também visualiza o horário como recurso fundamental. A utilidade dos *plannings* é avalizada pela experiência, embora o princípio pareça supor uma perda desnecessária de tempo. Não devemos nos esquecer de que as variáveis fundamentais relacionadas à educação permanente se repetem de forma sistemática, embora a estrutura do projeto de educação permanente não se modifique de forma substancial.

Um último conceito que deve ser levado em conta é o de "tempo para a tarefa", em relação ao "tempo útil" ou disponível. Já se verificou que o *ritmo de aprendizagem* é diferente para cada estudante, cada um tendo um "*estilo*" e um "*tempo cognitivo*" pessoal. Também se sabe que, no caso de alunos que não conseguiram dominar os conteúdos e apresentam carências com respeito a algum objetivo específico, um tempo adicional (duas horas são suficientes) faz com que a média de sucesso em relação ao objetivo passe de 50% para 80%.

Os programas de educação permanente deverão considerar a problemática específica para estabelecer os tempos em função das necessidades de cada um dos usuários ou alunos, sem que isso afete, é claro, o ritmo geral do programa de educação permanente.

Décimo Passo: *Guia didático e recursos didáticos*

O guia didático deve expressar algumas indicações ou instruções de estudo por escrito, quando se trata da modalidade de ensino aberta, a distância ou virtual, mas ele também seria conveniente na modalidade presencial, para unificar critérios entre os diversos professores que participam do programa. Na prática, quando o ensino for presencial, pode ser suficiente anotar essas instruções na programação do professor. Contudo, elas jamais devem ser improvisadas, já que isso sempre acarreta o esquecimento de indicações que podem ser esclarecedoras na prática.

O guia didático orienta, como seu nome indica, o aluno, o usuário de um programa de educação permanente, sobre os aspectos gerais. As observações ou os aspectos particulares, que implicam uma correção aos discentes, são feitas em particular, seja qual for a modalidade de educação permanente em questão. As advertências e sanções públicas não são, em absoluto, nada “exemplares”.

Os *espaços*, por outro lado, são recursos importantes que devem ser previstos no plano e nos projetos. Nesse caso, trata-se de conferir a cada programa seus lugares correspondentes e, como no caso das atividades, se alguma dessas exige forma diferente.

A análise do *número de usuários em potencial* do programa de educação permanente terá determinado na *análise das condições prévias*, no plano estratégico geral, a capacidade dos espaços. Agora a questão é atribuir aqueles que estão disponíveis às ações empreendidas, como consequência do programa de educação permanente específico que está sendo desenvolvido.

OS PROCESSOS DE FORMAÇÃO

A programação, ou seja, o conjunto dos “processos de aprendizagem” por meio dos quais se constrói o programa, é posta em prática, principalmente, e orientada visando a qualidade desses processos. Assinalamos anteriormente que as unidades didáticas são, na realidade, um conjunto de processos de ensino-aprendizagem.

De fato, é comum considerar-se que o sucesso de uma “classe”, de um conjunto de resultados de um grupo de alunos, depende da qualidade dos processos, já que estes são os indicadores de uma inovação valiosa para qualquer auditoria ou avaliação; ou seja, a avaliação merece uma atenção cuidadosa dos processos de formação das organizações e, portanto, a qualidade e a inovação dos mesmos ocupam um lugar central. Isso ocorre porque as instituições de ensino, as empresas ou as organizações não têm resultados muito felizes em muitos casos, como já assinalamos, não por terem uma estratégia equivocada ou mal elaborada, mas devido à falta de qualidade dos processos ou da dinâmica. O mesmo ocorre com a educação permanente, como categoria estratégica, a qualidade dos seus processos de formação é a variável independente dos sucessos ou resultados.

Quais são os pilares que devem ser estabelecidos ou os passos que devem ser seguidos para o desenvolvimento dos processos de educação permanente? Os passos que devem ser seguidos na elaboração desses processos são os seguintes (López-Barajas Zayas, 2006):

Décimo Primeiro Passo: *As metas a serem atingidas*

Cada processo de aprendizagem deve ter uma meta a ser alcançada. As metas devem ser acessíveis aos alunos, aos usuários, e devem ser definidas de tal modo que possam ser avaliadas. Se elas não forem acessíveis a um grupo de discentes, eles sequer tentarão atingi-las. Além disso, as metas ou os objetivos específicos (e operativos, quando for o caso) permitem controlar, com a maior objetividade possível, o alcance dos objetivos do programa de educação permanente. Uma meta ou um objetivo específico se concretiza na redação de uma proposição (frase) que o define.

A definição deve ter três propriedades ou características:

a) Deve significar um *comportamento a ser alcançado* (em comum com o objetivo geral).
b) Deve definir o *contexto ou meio no qual será alcançado.*
c) Deve assinalar um *critério de êxito.*

Um exemplo pode ser o seguinte: uma vez conhecidas as sequências da elaboração de programas de educação permanente (contexto), o aluno será capaz de assinalar (comportamento) ao menos 90% delas (critério de sucesso). Vejamos outro exemplo de objetivo específico, em cuja formulação podemos apreciar as três características apontadas, para uma melhor compreensão daquilo que foi exposto: Exemplo A. Analisadas as necessidades de uma organização (contexto), os participantes devem ser capazes de alcançar (comportamento) ao menos 80% das sequências (critério de sucesso).

Décimo Segundo Passo: *Estímulo ou motivo inicial*

O instrutor excelente sabe como introduzir um "processo de aprendizagem" de forma interessante. O educador ou formador deve saber que o desenvolvimento do processo de ensino-aprendizagem deve começar com alguma motivação, por exemplo, fazendo referência a uma situação problemática que seja reconhecida pela experiência dos alunos ou que seja de seu interesse por algum motivo. Esse estímulo desperta a atenção e o interesse do usuário. Às vezes ele pode ser uma anedota, uma pergunta formulada, mas também pode ser qualquer fato que "dispare" (incentive) o desejo de aprender por parte dos discentes.

Décimo Terceiro Passo: *Critérios normativos para a aprendizagem*

Cada orientação do formador é essencial para a aprendizagem. Cada processo de educação permanente exige algumas indicações específicas que facilitem o trabalho do aluno e evitem bloqueios psicológicos. Essas questões fazem com que a tarefa seja percebida como exequível e, portanto, favorece sua realização no modo e na maneira pela qual o professor deseja que ela seja cumprida.

Décimo Quarto Passo: *Questões de informação que devem ser estudadas*

Falamos anteriormente da validade dos conteúdos, motivo pelo qual os docentes devem saber as razões e entender a importância do trabalho a ser realizado. Trata-se de agrupar as informações que deverão ser transmitidas, buscando facilitar uma "visualização interessante" da meta proposta ou do objetivo específico. Além disso, o professor deve relacionar as primeiras informações de uma unidade didática aos conhecimentos adquiridos, conforme indicamos em outros níveis mais básicos, ou seja, relacionados com os conceitos e as ideias anteriores, que foram objeto de aprendizagem nas unidades didáticas precedentes.

Décimo Quinto Passo: *Enumeração das tarefas ou atividades*

Já assinalamos que um objetivo específico ou uma meta, ainda que seja muito concreto, geralmente é alcançado por meio de várias *atividades* ou *tarefas*. Cada objetivo específico e cada conteúdo da educação permanente apresentado aos usuários de um programa deve implicar a realização de um conjunto de atividades ou tarefas. Essas tarefas podem ser diferentes, mas sempre serão orientadas para o alcance de tais metas.

As atividades, nos programas de educação permanente, devem especificar as *questões* ou os *exercícios*. Quando realizadas em laboratórios ou oficinas, é especificado o tempo previsto de realização; e também é sempre definido o procedimento técnico ou metodológico por meio do qual a atividade será levada a termo. Às vezes uma atividade pode contribuir para vários objetivos, pela simples razão de que tem certo grau de transferência com relação às competências que devem ser alcançadas em outros âmbitos fronteiriços a elas.

Décimo Sexto Passo: *Técnica concreta a ser utilizada para o ensino*

Os educadores podem ter um *inventário de técnicas* disponíveis, mas em cada processo deverão selecionar a técnica mais conveniente. O princípio fundamental da *participação* e da colaboração deve estar presente nos trabalhos em grupo e no momento de documentar o conhecimento para uma gestão de conhecimentos adequada. Quem participa de um programa de educação permanente deve sentir-se um protagonista em todos os momentos, mas sem ultrapassar a fronteira ou a zona de autonomia do docente. Outras técnicas a serem selecionadas derivam dos princípios da *atividade,* da *autonomia,* da *individualização,* da *intuição,* da *criatividade* e do *jogo.*

Em suma, trata-se de selecionar entre as técnicas possíveis e as conhecidas aquelas que melhor se adaptam aos objetivos específicos e às atividades de cada programa de educação permanente e, é claro, que sejam pertinentes às características dos usuários em cada caso.

Décimo Sétimo Passo: *Previsão de outros meios didáticos concretos*

A previsão de tudo aquilo que é necessário para o desenvolvimento correto dos processos de educação permanente e das sessões de "aula" é muito importante. Na modalidade de ensino a distância isso é ainda mais apropriado, já que a proximidade entre professor e aluno é virtual, em muitos casos. Os recursos ou meios didáticos são ferramentas que permitem uma aprendizagem mais motivada. Eles são, de certa maneira, o nexo entre as palavras, os conceitos, as imagens e a realidade. A ordenação dos recursos em função dos objetivos específicos, quando os educadores têm pouca experiência docente e não conhecem em profundidade os conteúdos e as atividades, converte-se em uma tarefa complexa.

Os *recursos* ou *meios* são suportes para sustentar os processos de ensino-aprendizagem que têm um elevado nível de motivação nas atividades ou tarefas. A interação entre esta dimensão ou variável e os restantes daquelas que configuram a programação é patente. Se, por um lado, deve haver coerência entre recursos e objetivos, conteúdos e atividades, por outro também é imprescindível sua relação com as técnicas de ensino. É interessante em termos didáticos que o docente disponha de uma classificação prévia dos recursos segundo os princípios metodológicos. Por exemplo: a) A participação é favorecida por recursos, meios ou procedimentos que implicam: projetos, trabalhos em equipe, recursos necessários para o desenvolvimento das técnicas de dinâmica de grupos, etc.; b) A autonomia é favorecida por recursos opcionais, tarefas, monitores, etc.; c) A individualização é favorecida por: trabalho com fichas, materiais flexíveis, cadernos, internet, etc.; d) O princípio da atividade é favorecido pelos estudos de casos, análises de textos, objetos reais, etc.; e) O princípio da intuição é favorecido pela utilização de: transparências, diapositivos, vídeos, mapas, sinais de tráfego, etc.; f) A criatividade é favorecida por: lista de atributos, resolução de problemas, etc.

Décimo Oitavo Passo: *Glossário de termos fundamentais*

Devemos levar em conta que existe uma correlação entre a compreensão escrita e a riqueza de vocabulário do aluno. Em todo processo de educação permanente existem alguns termos cujo significado é desconhecido para os alunos. Também devemos levar em conta que o significado do vocabulário e a compreensão de leitura do texto podem ter polivalência semântica, ou seja, expressar significados distintos, motivo pelo qual esses vocábulos devem ser definidos, ao menos quanto ao sentido em que estão sendo utilizados no texto correspondente.

Décimo Nono Passo: *Critérios que devem ser levados em conta na avaliação da aprendizagem*

A avaliação deve ser inicial ou de diagnóstico, contínua ou progressiva e final. O educador ou instrutor deverá estabelecer os controles necessários para contrastar o alcance ou não daqueles objetivos específicos por parte da maioria dos aprendizes. O *critério de sucesso* do Programa de educação permanente estará de acordo, será coerente obviamente com o critério de definição do objetivo específico. Na educação permanente presencial, bastaria a formulação de algumas perguntas sobre o que foi tratado. Na modalidade a distância ou virtual, tal meta pode ser atingida por meio de atividades ou provas de autoavaliação. O estabelecimento de *foros temáticos*, nessa última modalidade, pode ser eficaz nesse sentido, ao fazer algumas perguntas relacionadas aos assuntos que os alunos tiveram de aprender. Quando o número de alunos é excessivo para os docentes envolvidos no programa, deve-se recorrer às provas objetivas, por questões técnicas.

A FINALIDADE AVALIATIVA DO PROGRAMA

Tudo aquilo que foi dito nos projetos com respeito ao sentido da avaliação e que deve influenciar o projeto pode ser repetido em cada programa de educação permanente. O sentido da *avaliação deve ser pedagógico,* e os critérios que forem estabelecidos, os instrumentos ou as provas, as técnicas de correção e os procedimentos de interpretação, aprovação, proação e recuperação se relacionam com o âmbito ou o nível superior dos projetos de formação.

O conteúdo da avaliação, as *diversas provas ou os instrumentos de avaliação*, devem ser considerados como um inventário ou banco de instrumentos que permita escolher a cada momento que técnicas e procedimentos são os mais adequados, de acordo com o número de alunos ou as possibilidades técnicas de realização das provas de avaliação (López-Barajas Zayas, 2006).

Vigésimo Passo: *Natureza e sentido da avaliação no programa*

O orientador deve ter presente o meio ou o contexto no qual é feita a avaliação. O sentido da avaliação em uma sociedade multicultural exige que ela seja de natureza *etnográfica*, por influenciar e revelar a natureza do programa na prática e sua idoneidade ou suas carências quanto à cultura aberta dos diversos grupos de usuários. A avaliação leva em consideração a cultura corporativa do grupo ao qual se dirige, seus valores, suas normas, suas crenças e os símbolos que o grupo reconhece como próprios, ou seja, aquilo que compõe a identidade da equipe de trabalho, seção, departamento ou grupo social ou étnico em cada contexto concreto.

Dessa forma, a avaliação deve documentar e revelar a natureza do "processo biográfico" de cada aluno, para uma adequada melhoria posterior da organização e, em todos os casos, para um desenvolvimento adequado do programa de educação permanente. Alguns *critérios qualitativos* poderiam ser: a) A avaliação levará em conta o sentido antropológico da condição humana, além das características do grupo; b) A avaliação deverá ser inicial ou de diagnóstico, progressiva ou contínua e final; c) A avaliação identificará as carências e estabelecerá os reforços que são oportunos; d) A avaliação considerará os esforços mais do que os resultados.

Vigésimo Primeiro Passo: *Definir e documentar os momentos em que serão realizadas as avaliações inicial, contínua e final*

Os momentos variam segundo os processos e as unidades didáticas. Como exemplo, poderíamos assinalar os seguintes: cada unidade didática será avaliada de maneira independente e no momento estabelecido na programação ou talvez quando o aluno a deseje, caso a programação seja aberta. Não obstante, ao término do programa, será realizada uma avaliação de todas as metas ou objetivos específicos que foram assinalados, buscando verificar se as competências foram alcançadas.

Vigésimo Segundo Passo: *Definir e elaborar os instrumentos ou as provas de avaliação*

A avaliação por parte dos educadores sempre considera que essa não é uma tarefa fácil, já que sempre busca obter informações sobre uma realidade complexa como a da educação. Portanto, devemos considerar que apenas um instrumento de avaliação é insuficiente na maioria dos casos. Por essa razão, a programação deve incluir *diversas técnicas de avaliação*. Por exemplo, pode-se considerar que os instrumentos de avaliação da unidade em questão são os seguintes: o primeiro "processo de aprendizagem" será avaliado por meio de uma prova objetiva; o segundo, por meio de um ensaio; o terceiro, por meio da construção de um modelo ou de uma maquete.

Quando necessário, o programa como um todo poderá ser avaliado por meio de um trabalho prático relacionado com o programa que o aluno deverá resolver no tempo máximo estabelecido, que pode ser, por exemplo, de 40 minutos.

Vigésimo Terceiro Passo: *Definir as técnicas de análise e interpretação dos dados*

A análise dos dados da avaliação é uma tarefa especial. Obter-se dados sobre as aprendizagens e sobre a qualidade da metodologia utilizada é importante, o mesmo pode ser dito sobre como saber o modo de interpretar os resultados ou êxitos alcançados. Algumas formas são: a realização de uma sessão com os docentes para estudar os resultados, considerando a "turma" como um estudo de caso único, mediante a análise do conteúdo, etc. Tendo-se em mãos os resultados obtidos na avaliação, e uma vez feita a análise devida, os resultados ou sucessos devem ser interpretados.

É necessária uma *reflexão global*, holística, para que se compreenda a situação de cada aluno, para que se possa dizer se os objetivos foram suficientemente alcançados. O julgamento dos professores e dos monitores, se for o caso, é decisivo.

Por fim, devemos dizer que a qualificação consiste em um juízo específico, uma proposição que expressa se o resultado obtido é suficiente e satisfatório. Podem ser usadas notas ou conceitos.

Vigésimo Quarto Passo: *Definir o procedimento que deve ser seguido na proação e na recuperação*

O educador social deve saber que nem todos os alunos terão o mesmo ritmo nem alcançarão os mesmos resultados. A *distribuição normal* dos grupos sugere que os orientadores e educadores reflitam sobre que atividades podem levar os alunos a alcançarem resultados mais avançados e o que deve ser feito com aqueles discentes que não seguem o ritmo de aprendizagem da maioria.

Segundo a qualificação conferida, de acordo com o passo anterior, deve-se seguir adiante com o programa, iniciar outro "processo de estudo" ou, ao contrário, realizar algumas tarefas de *recuperação*. A *proação* se refere às tarefas que ampliam os conhecimentos e que são atribuídas aos alunos que superaram rapidamente os objetivos mínimos estabelecidos em cada caso.

A recuperação exige que o educador estabeleça atividades para aqueles alunos que não alcançaram as metas programadas para cada momento. Estabelecer ajudas oportunas para que todos os alunos superem as metas estabelecidas é a tarefa mais nobre de um educador.

REFERÊNCIAS

CABRAL, L. (2002): *Economía industrial.* Madrid: McGraw-Hill.

CUATRECASAS, L. (2001): *La Gestión Integral de la Calidad.* Barcelona: Gestión 2000.

GÓMEZ PÉREZ, R. (1987): *Introducción a la Ética Social.* Madrid: Rialp.

GONZÁLEZ, M. P. y VENDRELL, E. (1987): *El grupo de experiencia como instrumento de formación.* Barcelona: PPU.

HAMEL y PARLAD (1995): *Compitiendo por el futuro.* Madrid: Ariel.

LE BOTERF, G. et al. (1993): *Cómo gestionar la calidad de la formación.* Barcelona: Gestión 2000.

LISTON, D. L. (1993): *Formación del profesorado y condiciones sociales de la escolarización*. Madrid: Morata.

LÓPEZ-BARAJAS ZAYAS, E. (1995): *Formación de formadores: planificación, diseño y evaluación de proyectos y programas*. Madrid: UNED.

______. (1999): *La observación participante*. Madrid: UNED.

______. (Coord.) (2006): *Estrategias de formación en el siglo XXI*. Barcelona: Ariel.

______. (2007): "La formación de formadores, un reto para la ciudadanía», en J. Vergara (Coord.): *Formación para la ciudadanía*. Barcelona: Ariel.

______. et. al. (2002): *La Educación de Personas Adultas. Reto de nuestro tiempo*. Madrid: Dykinson.

3

Desenvolvimento de competências e certificação

Maria del Carmen Ortega Navas

INTRODUÇÃO

Em função da vertiginosa rapidez das mudanças na cultura, na tecnologia e na produção na atual *Sociedade do Conhecimento*, também chamada de *Sociedade da Informação*, as pessoas deveriam adquirir, desenvolver, melhorar e atualizar suas competências para a promoção pessoal, social e individual. De fato, a crescente complexidade de nossas sociedades tem produzido um aumento nas exigências das competências das pessoas, para que possam se integrar a elas. Assim, a sociedade exige pessoas cada vez mais qualificadas para fomentar a competitividade dessas e das organizações nos planos nacional e internacional, sendo a formação, portanto, uma peça-chave em nossos dias.

Por isso, a cada dia se torna mais patente a crescente importância da formação contínua no desenvolvimento das qualificações. A formação contínua vem se transformando em um indicador da necessidade de buscar o sucesso de uma população mais qualificada (Homs, 1999). As pessoas necessitam cada vez mais atualizar suas qualificações, "habilidades básicas" e competências ao longo da vida para seu desenvolvimento pessoal e profissional, de modo que a aprendizagem durante toda a vida vem se convertendo em muito mais do que um direito ou uma obrigação: ela é uma necessidade imperiosa para garantir a sobrevivência das pessoas na *Sociedade do Conhecimento* ou *da Informação*. Como afirma López-Barajas, se, por um lado, a aquisição de competências, experiências, atitudes, aptidões e interesses é necessária na atualidade, saber como utilizá-las é ainda mais importante. O conhecimento, o autor complementa, cresce de forma acelerada nos dias de hoje e, como consequência, "seu conteúdo, o saber e principalmente o *saber como* são convertidos" na fonte da riqueza das pessoas e das organizações. Esse valor se mostra ainda maior do que o da propriedade da terra (López-Barajas, 2008, p. 66–67).

Igualmente, a sociedade e a economia baseadas no conhecimento exigem de seus cidadãos um nível adequado de competências fundamentais, inclusive uma cultura digital e habilidades eletrônicas, e a capacidade de alcançar níveis mais elevados de qualificação e de competência em função das necessidades.

O planejamento das qualificações e das competências profissionais de cada país varia de acordo com as necessidades derivadas de sua cultura, sua história, suas demandas sociais, suas mudanças na economia e nos sistemas de produção de bens e serviços. Não obstante, como resultado do fenômeno da globalização, a comunicação entre países vem sendo ampliada e melhorada na busca de medidas comuns, entre as quais se encontram a promoção de políticas e iniciativas de aprendizagem mais abertas e flexíveis que potencializem a competitividade, a mobilidade, a coesão e a inclusão social.

A melhoria da qualidade da formação é essencial para que a Europa se converta em uma sociedade mais competitiva e dinâmica, de acordo com o objetivo determinado pela estratégia de Lisboa em março de 2000. Isso implica a necessidade crescente de que os cidadãos sejam capazes de desenvolver suas próprias habilidades e competências como pessoas, membros da sociedade e agentes sociais, uma vez que as pessoas despreparadas para as mudanças correm maior risco de exclusão social do que aquelas que contam com qualificações adequadas.

Nas páginas a seguir, examinaremos o desenvolvimento das competências e a certificação no âmbito espanhol e no âmbito europeu, assim como o Sistema Nacional de Qualificações, a Formação Profissional e as Famílias Profissionais.

APROXIMAÇÃO CONCEITUAL

Qualificação

A definição do termo *qualificação* situa-se no âmbito específico dos sistemas nacionais de educação e formação profissional. Sua definição é complexa. Ainda não existe um consenso sobre a definição do termo qualificação, o qual pode ser definido de diversas maneiras, em função de seus componentes. Em termos gerais, a qualificação faz referência a um conjunto de competências, destrezas, preparos específicos ou habilidades profissionais que podem ser utilizados como uma referência para o desempenho de uma atividade e, em especial, nos postos de trabalho de uma organização, para o planejamento de projetos, de programas e de processos de formação.

A qualificação pode ser entendida como "os títulos de educação, as categorias profissionais, segundo suas características, as classificações salariais, os postos de trabalho na empresa e, em certos casos, as combinações entre esses critérios" (Grootings, 1994, p. 5). Outros autores consideram que as qualificações profissionais também são constituídas por outros componentes, tais como "conhecimentos, destrezas e aptidões necessários para o desempenho de uma profissão, a flexibilidade e a autonomia..." (Bunk, 1994, p. 8). As qualificações profissionais, segundo as palavras de Rial (2000), citado em Monclús (2000, p. 42), também incluem

> o potencial de um indivíduo em termos de capacidades e habilidades intelectuais certificadas e conseguidas por meio da formação e da prática, que lhe permitam realizar tarefas de forma autônoma, refletir sobre a própria prática e adquirir novas formações.

Por outro lado, encontramos definições de qualificação profissional que na literatura especializada são encontradas em normas, tais como Leis, Decretos Reais, Informes da Comissão Europeia, etc. Destacamos, entre outras, as seguintes:

De acordo com a Lei 5/2002 de 19 de junho, da Espanha, sobre as Qualificações e a Formação Profissional, entende-se que a qualificação profissional é "o conjunto de competências profissionais com significação para o emprego que possam ser adquiridas mediante algum tipo de formação, assim como por meio da experiência profissional".

Tal como consta no Anexo I do Conselho da União Europeia (2006a, p. 9), a qualificação é o "resultado formal de um processo de avaliação e validação que se obtém quando um organismo competente estabelece que a aprendizagem de um indivíduo superou um nível determinado".

A qualificação e a competência, segundo Rial (2000), são conceitos-chave para o trabalho. Nesse sentido, ele entende que

> a qualificação e a competência são conceitos complementares, e não justapostos, ainda que sejam utilizados indistintamente. A qualificação profissional é a

> expressão da competência e atualmente se encontra mais relacionada aos sistemas educacionais e à sua relação com o mercado de trabalho, aos sistemas de relações industriais e aos tipos de organização do trabalho (Rial, 2000, p. 233).

Segundo Martín e Quiroz (2006, p. 323), as qualificações profissionais são "um conjunto de competências profissionais importantes para o emprego, as quais podem ser adquiridas mediante formação modular ou outros tipos de formação, bem como por meio da experiência laboral".

A qualificação é entendida como o "resultado formal de um processo de avaliação e validação que se obtém quando um organismo competente estabelece que a aprendizagem de um indivíduo superou determinado nível" (DOCE. Diário Oficial da União Europeia, 2008, p. 111-114).

Competências

A definição do termo *competências* é complexa, visto que não tem um significado inequívoco e também está em permanente evolução. Sua origem remonta ao final da década de 1960, no Canadá, como resultado da ideia de que, no currículo, se poderia avaliar o domínio de determinada habilidade ou destreza. Contudo, não foi senão no fim dos anos de 1970 ou 1980 que o conceito de competências foi gradualmente se separando do conceito de qualificações. De fato, a cada dia o conceito de competências se impõe mais um pouco, tanto nas pesquisas investigadas como nos âmbitos da educação e do trabalho. Como assinala Ortega Navas (2008, p. 183), o significado de competências vem sendo delimitado com o desenvolvimento histórico, cultural e social até chegar a designar "aqueles comportamentos observáveis que contribuem para o sucesso de uma tarefa ou missão um posto de trabalho".

As definições são numerosas, contém dimensões variadas e, às vezes, podem supor perspectivas teóricas diferentes, inclusive opostas. O conceito de competências começou a ser empregado no contexto das empresas a partir das contribuições de McClelland, nos anos de 1970, mostrando que o sucesso profissional e pessoal não pode ser previsto unicamente com base em uma série de características fixas, como o fazem os testes de aptidão ou de personalidade. McClelland também nos demonstra que, tanto os históricos acadêmicos como os testes de inteligência por si só não são capazes de prever com confiabilidade a adaptação adequada aos problemas da vida cotidiana e, consequentemente, o êxito profissional. Isso levou McClelland a buscar novas variáveis, que denominou de competências, as quais permitem uma melhor previsão do rendimento laboral. Durante suas pesquisas, ele descobriu que, para prever com mais eficácia o rendimento, era necessário estudar as pessoas diretamente em seus postos de trabalho, contrastando as características de quem é particularmente bem-sucedido com aquelas de quem não o é tanto. Boyatzis (1982) realizou um estudo de competências no qual perguntou a um grupo de diretores quais eram os comportamentos específicos que haviam lhes ajudado a serem eficazes em seus postos de trabalho. As competências incluíam tanto aptidões quanto conhecimentos, atitudes e traços de personalidade.

Foi durante a década de 1980 que o termo competência passou a incluir noções múltiplas e diversas, como conhecimentos, capacidades, aptidões, atitudes, destrezas e comportamentos, ainda que de um modo confuso.

Os anos de 1990 insistiram no resgate do conceito de competência como um conjunto de elementos (conhecimentos, habilidades, aptidões, recursos, motivos, etc.) que são condicionados por um contexto sempre dinâmico e sofrem o impacto das novas tecnologias de produção e prestação de serviços. Como assinalaram Moore e Theunissen (1994, p. 70), competência refere-se "à capacidade real do indivíduo de dominar o conjunto de tarefas que configuram um posto de trabalho específico". Outros autores, Martín e Quiroz (2006, p. 323), definem competência profissional como "um conjunto de conhecimentos e capacidades que permitem o exercício da atividade profissional conforme as exigências da produção e do emprego".

Por outro lado, do ponto de vista das definições normativas, na Espanha, a Lei 5/2002, referente às Qualificações e à Formação Profissional, define competência como o "conjunto de conhecimentos e capacidades que permitem o exercício da atividade profissional conforme as exigências da produção e do emprego".

No âmbito europeu, o Anexo I da Comissão das Comunidades Europeias (2006a, p. 10) define competência como a

> capacidade comprovada de utilizar conhecimentos, destrezas e habilidades pessoais, sociais ou metodológicas em situações de estudo ou trabalho e no desenvolvimento profissional ou pessoal; no Sistema Europeu de Qualificações (EQF), a competência é descrita em termos de responsabilidade e autonomia.

De acordo com o Diário Oficial da União Europeia (2008), o Sistema Europeu de Qualificações é

> um instrumento de classificação das qualificações em função de um conjunto de critérios correspondentes a determinados níveis de aprendizagem, cujo objeto consiste em integrar e coordenar os subsistemas nacionais de qualificações e em melhorar a transparência, o acesso, o progresso

e a qualidade das qualificações em relação ao mercado de trabalho e à sociedade civil (DOCE, 2008, 111/4).

A classificação das competências, do ponto de vista da União Europeia, é feita em competências básicas e competências específicas. Essa classificação é proposta pelo projeto Tunning, um projeto independente iniciado no verão do ano de 2000, levado adiante por diferentes universidades europeias e financiado pela Comissão Europeia para responder ao desafio que o processo iniciado com a declaração de Bolonha propôs às universidades.

Formação Profissional

A Formação Profissional dentro do sistema educativo compreende o conjunto de ensinamentos que preparam e capacitam as pessoas para o desempenho qualificado das diferentes profissões. Ela inclui tanto a formação profissional básica como a formação profissional específica de grau médio, a formação superior e a formação profissional continuada. No sistema educacional espanhol, o antecedente mais próximo da Formação Profissional Regulada pode ser encontrado pela primeira vez na Lei Geral da Educação de 1970 (LGE).

O Sistema de Formação Profissional da LGE estava constituído por três subsistemas: formação profissional específica, formação profissional continuada e formação profissional ocupacional. Atualmente, ele é composto por 142 títulos oficiais.

A principal finalidade dessa etapa da educação é a preparação dos alunos para a aquisição de conhecimentos, destrezas e habilidades em determinado campo profissional, proporcionando-lhes a formação necessária para a adaptação a modificações no trabalho que podem ocorrer ao longo de suas vidas. Além disso, ela facilita o conhecimento das organizações e dos mecanismos de inserção profissional, bem como a aquisição de uma maturidade profissional que facilita a aprendizagem e a adaptação a novas competências. Seus destinatários são tanto a população em idade escolar como a população adulta que deseja obter um título acadêmico que lhe capacite para a atuação no mercado de trabalho.

O modelo de formação profissional no sistema educacional espanhol foi dado a conhecer no ano de 1987, com a publicação da proposta para o debate do Projeto de Reforma do Ensino (MEC, 1987) e o debate sobre o projeto para a reforma da Educação Técnico-Profissional (MEC, 1988).

Em 1989, no processo de reforma, surgem dois documentos de suma importância, o Livro Branco para a reforma do sistema educacional

(MEC, 1989) e os documentos do debate sobre os sistemas curriculares básicos, os planos de pesquisa em ensino e os planos de formação do professorado. Posteriormente, em 1990, como fruto desses debates, foi promulgada, também na Espanha, a Lei Orgânica Geral do Sistema Educativo (LOGSE) (Lei 1/1990, de 3 de outubro).

O governo espanhol, por meio do Decreto Real 797/1995, de 19 de maio, dando mais prestígio e importância à formação profissional, empreendeu uma ação global de reforma da mesma para que, no novo cenário, as qualificações se convertam no fator fundamental para que as pessoas possam desenvolver-se em sua vida profissional, social e laboral.

Em dezembro de 1996, os Ministros da Educação e Cultura e do Trabalho e Assuntos Sociais da Espanha firmaram o Acordo de Bases sobre Políticas de Formação Profissional, que se constituiu em um predecessor do Novo Programa de formação profissional, no qual são reconhecidos três subsistemas de formação profissional: formação profissional regulada, formação profissional ocupacional e formação profissional continuada.

Dada a importância e o impacto social, político e educacional do ensino técnico-profissionalizante, em 2002 foi promulgada a Lei Orgânica 5/2002, de 19 de junho, das Qualificações e da Formação Profissional (LOCFP), a qual busca adequar a formação profissional às novas exigências do sistema produtivo e fomentar a formação profissional.

Posteriormente, também na Espanha, a Lei Orgânica da Educação 2/2006, de 3 de maio, flexibilizou as relações entre os distintos subsistemas de formação profissional, com o objetivo de aumentar o acesso ao emprego e a participação ativa na vida social, cultural e econômica e fomentar a formação permanente.

Certificação

A *certificação* é o processo mediante o qual se busca dar crédito ou reputação a uma instituição, carreira, programa acadêmico ou profissão, graças à ajuda de uma agência, uma autoridade competente ou um organismo que avalia inicial e continuamente a qualidade dos processos acadêmicos, a eficiência na gestão e a coerência entre os objetivos, os recursos e os resultados por meio da verificação da conformidade com normas ou padrões estabelecidos para a realização de uma determinada atividade de avaliação da conformidade.

Assim, conforme o glossário de termos do Centro Europeu para o Desenvolvimento da Formação Profissional) (CEDEFOP, 2004), o termo certificação refere-se ao reconhecimento e à aprovação oficiais de um programa de estudos ou de um centro de ensino mediante sua avaliação por parte da autoridade legislativa ou profissional, uma vez que tenha sido comprovada a correspondência com certas normas pré-determinadas.

A finalidade primordial da certificação é assegurar um desempenho sustentável da qualidade da instituição de formação, da carreira, do programa acadêmico ou da profissão certificada, no sentido de elevar os níveis de formação das pessoas e melhorar a sua situação no mercado de trabalho.

Atualmente, a certificação da experiência profissional transformou-se em um elemento de reconhecimento e de desenvolvimento contínuo das competências pessoais, fruto da instabilidade no mercado de trabalho, do aumento das competências exigidas e do risco de exclusão profissional das pessoas que não conseguem uma certificação ou a demonstração de um nível de competência aceitável. Os tipos de certificação são vários, falando-se em certificação institucional e em certificação de programas, os quais frequentemente são atribuídos a centros, escolas, departamentos e programas de estudo.

Na Espanha, a instituição encarregada da certificação é a Entidade Nacional de Certificação (ENAC), uma organização designada pela administração pública, sob a tutela do Ministério da Ciência e Tecnologia, para avaliar as competências de acordo com as normas.

O SISTEMA NACIONAL DE QUALIFICAÇÕES E FORMAÇÃO PROFISSIONAL DA ESPANHA

Historicamente, cabe assinalar que, na Espanha, a aproximação da formação profissional ao sistema educativo iniciou-se com a Lei Orgânica da Formação Profissional Industrial, de 1955. Não obstante, o antecedente mais próximo da Formação Profissional Regulada é encontrado na Lei Geral da Educação, de 1970, na qual o esquema básico de formação profissional está organizado em três grandes graus ou ciclos: *a formação profissional regulada ou de longo prazo, a formação profissional ocupacional ou de curto prazo e a formação profissional continuada ou de curto prazo.*

- A *formação profissional regulada* ocorre por meio dos Ciclos Formadores de Grau Médio e de Grau Superior e por meio dos programas de Garantia Social, nas modalidades de iniciação profissional, de cursos profissionalizantes, de alunos com necessidades educativas especiais e de cursos técnicos. Os destinatários são todas aquelas pessoas que não obtiveram o título de Graduado no

Ensino Secundário, para que se consiga sua inserção no mercado de trabalho por meio de uma qualificação em uma ampla gama de postos de trabalho afins, de uma mesma área profissional. A administração está a cargo do Ministério da Educação e Ciência.

- A *formação profissional ocupacional* ou de curto prazo é voltada às pessoas desempregadas, para lhes proporcionar as qualificações que lhes permitam conseguir a reinserção no mercado de trabalho. Ela é gerida pelo Ministério do Trabalho e dos Assuntos Sociais, por meio do Instituto Nacional de Emprego (INEM) ou pelas Comunidades Autônomas e pelo Fundo Social Europeu (FSE).
- A *formação profissional continuada* ou de curto prazo está voltada para a obtenção da formação permanente e para a reciclagem dos trabalhadores na ativa. A formação se dá na própria empresa ou fora dela. Sua finalidade é favorecer a promoção e a integração social das pessoas, bem como melhorar a competitividade das empresas. Ela é gerida pelos Agentes Sociais.

Também na Lei Geral da Educação, de 1970, pretendia-se combinar um tronco de educação comum com escolhas profissionais variáveis em função da duração e do conteúdo, de acordo com as exigências específicas de cada campo profissional, em função da duração e dos conteúdos e de acordo com as exigências específicas de cada área e em cada um dos diferentes níveis educacionais e do mercado de trabalho. Contudo, foi apenas durante o período de 1998 e 2002, com o Novo Programa Nacional de Formação Profissional (NPNFP), que foi criado um Sistema Nacional de Qualificações Profissionais (SNCFP), para facilitar a inter-relação entre os três subsistemas de formação profissional (a formação regulada, a ocupacional e a continuada), e o Instituto Nacional de Qualificações (INCUAL), como instrumento de definição desse sistema de qualificações. De fato, o surgimento formal do Sistema Nacional de Qualificações Profissionais coincidiu com as mudanças na Formação Profissional da Espanha, contempladas na Lei Orgânica 5/2002 sobre as Qualificações e a Formação Profissional (LOCFP), resultado de uma série de iniciativas legislativas e regulamentares. Essa lei estabelece a responsabilidade direta do INCUAL para definir, elaborar e manter atualizado o Catálogo Nacional de Qualificações Profissionais e o correspondente Catálogo Modular de Formação Profissional.

O SNCFP é o conjunto de instrumentos e ações necessários para a promoção e o desenvolvimento das ofertas de formação profissional, de acordo com as novas exigências do sistema de produção. Sua missão é fomentar a formação e a readaptação profissional por meio do Catálogo

Nacional de Qualificações Profissionais, bem como favorecer a avaliação e a certificação das competências profissionais correspondentes, impulsionando o desenvolvimento profissional e social das pessoas, para atender às necessidades do sistema produtivo.

O SNCFP, da maneira como está contemplado no Anexo I do Conselho da União Europeia (2006a, p. 9), é

> o conjunto das atividades de um Estado-membro relacionadas com o reconhecimento da aprendizagem e outros mecanismos destinados a relacionar a educação e a formação com o mercado de trabalho e a sociedade civil. Essas atividades incluem a elaboração e a aplicação de disposições e processos institucionais relativos à garantia da qualidade, à avaliação e à concessão de qualificações; um sistema nacional de qualificações pode estar composto por vários subsistemas e incluir um Sistema Nacional de Qualificações.

No Anexo I do Conselho da União Europeia (2006a, p. 9), também é adotada outra definição relacionada com o SNCFP, a do Sistema Nacional de Qualificações, no qual ele é entendido como o

> instrumento de classificação das qualificações em função de um conjunto de critérios correspondentes a determinados níveis de aprendizagem; trata-se de integrar e coordenar os sistemas nacionais de qualificações e melhorar a transparência, o acesso, a progressão e a qualidade das qualificações em relação ao mercado de trabalho e à sociedade civil.

O objetivo principal do Sistema Nacional de Qualificações é reconhecer formalmente as competências das pessoas para o trabalho, sem levar em conta como elas foram adquiridas e se essas pessoas possuem ou não um título ou grau acadêmico outorgado por uma instituição de ensino formal; bem como aumentar as oportunidades de aprendizagem contínua das pessoas, seu reconhecimento e sua valorização ao longo da vida.

Os princípios básicos do SNCFP estão arrolados no artigo 2.3 da Lei Orgânica 5/2002, de 19 de junho, que trata das Qualificações e da Formação Profissional, e são os seguintes:

a) A Formação Profissional estará orientada tanto para o desenvolvimento pessoal e o exercício do direito ao trabalho como para a livre escolha de uma profissão ou de um ofício e a satisfação das necessidades do sistema produtivo e do emprego ao longo de toda a vida.
b) O acesso, em condições de igualdade para todos os cidadãos, às diferentes modalidades da formação profissional.

c) A participação e a cooperação dos agentes sociais com os poderes públicos nas políticas de formação e qualificação profissional.
d) A adequação da formação e das qualificações aos critérios da União Europeia, em função dos objetivos do mercado único e da livre circulação de trabalhadores.
e) A participação e a cooperação das diferentes administrações públicas em função de suas respectivas competências.
f) A promoção do desenvolvimento econômico e a adequação a diferentes necessidades territoriais do sistema produtivo.

Por outro lado, os objetivos do Sistema Nacional de Qualificações estão listados no artigo 3 da Lei Orgânica 5/2002 da Espanha, a qual trata das Qualificações e da Formação Profissional. Eles são os seguintes:

1. Capacitar para o exercício de atividades profissionais, de modo que possam ser satisfeitas tanto as necessidades individuais como as dos sistemas produtivos e de emprego.
2. Promover uma oferta de formação de qualidade, atualizada e adequada aos distintos destinatários, de acordo com as necessidades de qualificação do mercado de trabalho e das expectativas pessoais de progresso profissional.
3. Proporcionar aos interessados informações e orientação adequadas em matéria de formação profissional e das qualificações para o emprego.
4. Incorporar ao sistema educativo aquelas ações de formação que capacitem ao desempenho das atividades empresariais e por conta própria, assim como para o fomento das iniciativas empresariais e do espírito empreendedor que contemplará todas as formas de constituição e organização das empresas, sejam elas individuais ou coletivas e, em especial, as pertencentes à economia social
5. Avaliar e certificar oficialmente a qualificação profissional, independentemente de qual tenha sido a forma de sua aquisição.
6. Favorecer o investimento público e privado para a qualificação dos trabalhadores e a otimização dos recursos dedicados à formação profissional.

O Sistema Nacional de Qualificações da Espanha é um dos instrumentos do Catálogo Nacional de Qualificações Profissionais (daqui em diante chamado CNPC). O CNPC é aplicável a todo o território nacional espanhol. Ele é constituído pelas qualificações identificadas no sistema produtivo e pela formação associada às mesmas e é organizado em módulos de formação articulados, por sua vez, em um Catálogo Modular de Formação Profissional.

As funções do CNCP estão listadas no artigo 7 da Lei Orgânica 5/2002, de 19 de junho, sobre as Qualificações e a Formação Profissional, e são as seguintes:

a) Facilitar a integração dos três subsistemas de formação profissional, ou seja, o Subsistema de Formação Profissional Inicial/Regulada, gerido pelas administrações da educação, o Subsistema de Formação Profissional Ocupacional, gerido pelas administrações do trabalho, e o Subsistema de Formação Contínua dos trabalhadores empregados, gerido pelos Agentes Sociais, sob a tutela do Ministério do Trabalho e Assuntos Sociais.
b) Adequar a formação profissional às necessidades da qualificação do mercado de trabalho, buscando satisfazer tanto a demanda das empresas (contribuindo para a melhoria de sua produtividade e competitividade) como as necessidades dos cidadãos visando possibilitar sua melhor empregabilidade e a melhor qualidade dos empregos.
c) Em conexão com o item anterior, facilitar a formação ao longo da vida, a mobilidade dos trabalhadores e a unificação do mercado de trabalho.

Posteriormente, o Decreto Real 1128/2003, de 5 de setembro (BOE de 17 de setembro) regulamentou o Catálogo Nacional de Qualificações Profissionais (CNCP). Sua finalidade é manter ordenadas as qualificações profissionais suscetíveis de reconhecimento e certificação que tenham sido identificadas no sistema produtivo.

A integração das unidades de validação do Sistema Nacional de Qualificações envolve:

a) A Unidade de Competência (UC), que se refere ao conjunto de atividades profissionais fruto da divisão da competência geral necessária para a obtenção de um Título Profissional que tenha valor e significado no trabalho, de acordo com as condições educacionais.
b) O Módulo Profissional (MP), bloco coerente de formação profissional específica conforme a afinidade de formação. Ele se constitui na menor unidade educacional da formação para que um indivíduo possa ser certificado e obter um título de formação profissional.

O Sistema Nacional de Qualificações e Formação Profissional segue o esquema que apresentamos a seguir. Em suma, é por meio do Sistema Nacional de Qualificações que se busca fomentar nas pessoas e nas organizações o crescimento pessoal, profissional e social, sustentado ao longo do tempo e estimular uma maior competitividade em nível nacional e internacional.

SISTEMA NACIONAL DE QUALIFICAÇÕES E FORMAÇÃO PROFISSIONAL

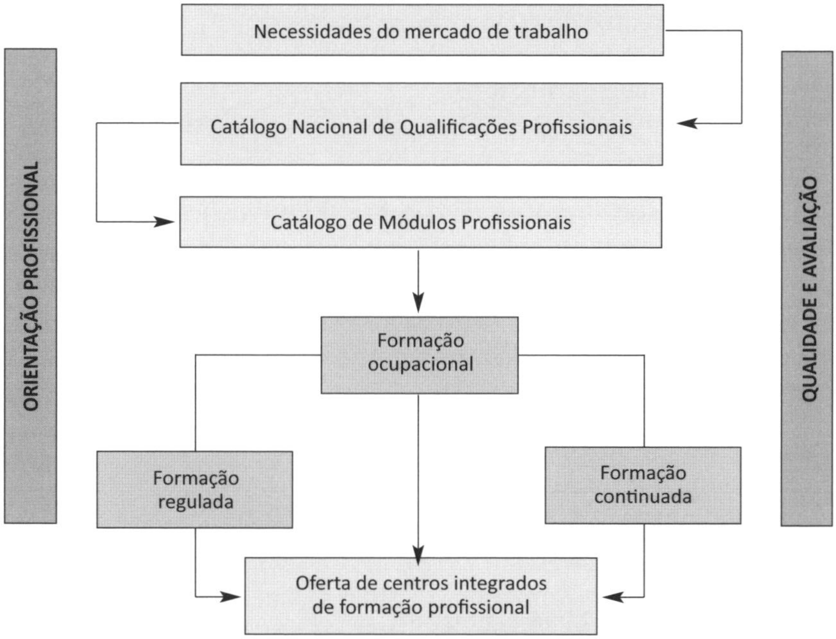

Figura 3.1 Sistema Nacional de Qualificações e Formação Profissional.

Fonte: Adaptado a partir de Brun, 2002. *El sistema Nacional de Cualificaciones y Formación Profesional en España* (p. 65).

OS GRUPOS DE PROFISSÃO E OS NÍVEIS DE QUALIFICAÇÃO

Cada país da União Europeia, uma vez definidos os Sistemas de Qualificações, oferece políticas de avaliação, certificação e reconhecimento das competências. Desse modo, uma vez que a competência tenha sido certificada, a pessoa deverá consultar o *Catálogo de Formação*, para comprovar se foi atingida a formação necessária para desempenhar um trabalho. Se as competências não tiverem sido desenvolvidas, será feito um processo de análise e diagnóstico para o estabelecimento de roteiros personalizados, a fim de que as pessoas possam se inserir no mercado de trabalho.

As qualificações profissionais que integram o Catálogo Nacional de Qualificações Profissionais são divididas em grupos de profissões e níveis de qualificação.

No total, há 26 grupos de profissões para formação profissional específica. Cada grupo, por sua vez, reúne ciclos formadores com características comuns, de acordo com os seguintes critérios:

1. Afinidade de formação, ou seja, similitude de conhecimentos e procedimentos de cada ciclo de formação.
2. Semelhança entre os processos tecnológicos e os serviços criados em cada nível profissional.
3. Coincidência do grupo de profissões com o setor industrial, em alguns casos.

De acordo com o documento sobre o Catálogo das Qualificações Profissionais apresentado pelo Instituto Nacional das Qualificações, os grupos de profissões e os níveis de qualificação são relacionados (*site* do MEC, 2008). Os grupos de profissões são os seguintes:

Grupos de Profissões

1. Agricultura
2. Setor Marítimo-Pesqueiro
3. Indústrias da Alimentação
4. Química
5. Imagem Pessoal
6. Saúde
7. Segurança e Meio Ambiente
8. Fabricação Mecânica
9. Instalação e Manutenção
10. Eletricidade e Eletrônica
11. Energia e Água
12. Transporte e Manutenção de Veículos
13. Indústrias Extrativistas
14. Edificação e Obra Civil
15. Vidro e Cerâmica
16. Madeira, Móveis e Cortiça
17. Têxteis, Confecções e Peles
18. Artes Gráficas
19. Imagem e Som
20. Informática e Comunicação
21. Administração e Gestão

22. Comércio e *Marketing*
23. Serviços Socioculturais para a Comunidade
24. Hotelaria e Turismo
25. Atividades Físicas e Desportivas
26. Artesanato

Por outro lado, os cinco níveis de qualificação profissional, estabelecidos de acordo com o Anexo II do Decreto Real 1128/2003, atendendo à competência profissional exigida pelas atividades de produção, em relação a critérios de conhecimentos, iniciativa, autonomia, responsabilidade e complexidade, traduzem-se, entre outros, em competências ou requisitos profissionais, de acordo com os seguintes níveis crescentes, a partir do grau de qualificação mais baixo, que corresponde ao nível 1:

- *Nível 1:* Competência em um conjunto reduzido de atividades de trabalho relativamente simples, que correspondem a processos normalizados, sendo limitados os conhecimentos teóricos e as capacidades práticas.
- *Nível 2:* Competência em um conjunto de atividades profissionais bem determinadas, com a capacidade de utilizar instrumentos e técnicas próprias, as quais envolvem principalmente um trabalho de execução, o qual pode ser autônomo na situação limite de tais técnicas. Exige conhecimentos dos fundamentos técnicos e científicos de sua atividade e capacidade de compreensão e aplicação do processo.
- *Nível 3:* Competência em um conjunto de atividades profissionais que exigem o domínio de diversas técnicas e pode ser executado de forma autônoma. Envolve responsabilidade de coordenação e supervisão de trabalho técnico e especializado. Exige a compreensão dos fundamentos técnicos e científicos das atividades e a avaliação dos fatores de processo e de suas repercussões econômicas.
- *Nível 4:* Competência em um conjunto amplo de atividades profissionais complexas realizadas em uma grande variedade de contextos que exigem a conjugação de variáveis de tipo técnico, científico, econômico ou organizacional para planificar ações, definir ou desenvolver projetos, processos, produtos ou serviços.
- *Nível 5:* Competência em um conjunto amplo de atividades profissionais de grande complexidade, realizadas em uma grande variedade de contextos, frequentemente imprevisíveis, o que implica o planejamento de ações ou a idealização de produtos, processos ou

serviços. O grande autonomia pessoal. Exige responsabilidade frequente na atribuição de recursos, na análise, no diagnóstico, na elaboração, na planificação, na execução e na avaliação.

Por último, cabe assinalar que, a fim de adotar critérios europeus na nivelação das qualificações do Catálogo, foram tomados como referência os níveis da Classificação Internacional Uniforme de Ocupações (CIUO) e de sua homóloga espanhola, a Classificação Nacional de Ocupações (CON), a Classificação Internacional Normalizada de Educação da França (CINE), nos países anglo-saxões (ISCDE) e a Classificação Nacional de Educação Espanhola (CNED-2000).

O CONHECIMENTO DAS BOAS PRÁTICAS DA UNIÃO EUROPEIA E DAS COMUNIDADES AUTÔNOMAS

Uma vez que hoje parece impensável falar de um modelo educacional homogêneo e igual para todos os países europeus, na política de cada país-membro da União Europeia deve ser levado em conta seu Sistema de Qualificação Profissional, de acordo com os paradigmas e as políticas de formação profissional. Grootings (1994) assinala que existem certas diferenças quanto ao conceito e ao tratamento da competência nos países da União Europeia.

De fato, a formação profissional e os sistemas de qualificações de cada país respondem como já comentamos anteriormente, às demandas sociais e às mudanças econômicas, às necessidades derivadas da cultura, à história, às mudanças na produção de meios e serviços e ao fenômeno da globalização, fatos que motivam os países a adotar medidas comuns para a promoção de iniciativas e políticas de aprendizagem mais flexíveis e abertas. Além disso, os Sistemas de Certificação da Europa, das qualificações profissionais nos diferentes países da União Europeia, apresentam "uma elevada heterogeneidade, como reflexo das distintas origens e evoluções dos sistemas de educação e formação em cada um deles" (FORCEM, 1998, p. 33).

A partir da década de 1990, a União Europeia outorgou à formação profissional um papel fundamental para o fomento da economia dos países europeus e para a redução de sua taxa de desemprego. Na mesma década foram estabelecidos os perfis profissionais e a categorização dos cinco níveis de qualificação que englobam as titulações formais ou não formais, para que os países europeus trabalhem no processo de Convergência Europeia em termos de educação, como apresentamos na epígrafe anterior.

Durante o Tratado de Maastricht (1992), sustentou-se que a formação profissional dos países que constituem a União Europeia deveriam compartilhar a responsabilidade de reforçar e completar as ações dos Estados-membros em termos de conteúdos e de organização da formação. Um ano depois, a Comissão Europeia (1993), por meio do documento intitulado *Crescimento, competitividade e emprego. Desafios e rumos para entrar no século XXI*, assinalou como as exigências atuais implicam que “da educação e da formação espera-se que resolvam os problemas da competitividade das empresas, as crises de desemprego, o drama da exclusão social e da marginalização [...]” (Comissão Europeia, 1993, p. 138).

O Comunicado da Comissão ao Conselho e ao Parlamento Europeu, chamado *Eficiência e equidade nos sistemas europeus de educação e formação* (2006b), afirmou que os Estados-membros deveriam desenvolver planos claros e diversificados dentro da educação profissional que conduzam ao aprofundamento da aprendizagem e do emprego. Também deveriam ser melhorados os programas públicos de formação destinados aos desempregados e aos estudantes carentes. A qualidade e a pertinência de tais programas podem ser aprimoradas mediante o fomento de associações entre as partes interessadas nas escalas regional e local, facilitando a participação do setor privado.

Por outro lado, espera-se que os diferentes países que compõem a União Europeia cheguem a consensos, analisem, discutam e homologuem as titulações em seu contexto mais imediato, o europeu, levando em conta que a formação e o aperfeiçoamento profissional variam em importância de um país para o outro. Não obstante, apesar das diferenças entre os distintos sistemas de formação profissional e de qualificações dos países europeus, segundo as diretrizes da União Europeia, as qualificações e os conhecimentos práticos adquiridos em um país-membro são válidos em toda a União Europeia, de modo que o indivíduo que conta com determinada qualificação para o exercício de uma profissão pode exercê-la em outro país da Comunidade, uma vez que essa qualificação tenha sido reconhecida para efeitos profissionais e que ela tenha sido aprovada pelas autoridades responsáveis do país em questão. Caso contrário, a pessoa deverá realizar um curso de adaptação ou um teste de aptidão para obter o reconhecimento da competência (ou competências) objeto da avaliação.

Com o propósito de evitar essas situações possíveis, para que as pessoas possam trabalhar em qualquer país da União Europeia e para que suas qualificações e competências sejam aceitas, foram criados diversos instrumentos que facilitam a transferência de qualificações e competências em nível acadêmico ou profissional. Um desses instrumentos é o *Sistema Europeu de Transferência de Créditos* (ECTS), criado pela Comissão Europeia há mais de uma década e que permite uma equiparação dos conhecimentos adquiridos e a transferência de uma instituição para outra. Também foi criado, em conjunto com o Conselho da Europa e a UNESCO, um *suplemento de diploma* em educação superior, que a cada dia vem sendo mais utilizado na União Europeia e que permite avaliar as competências das pessoas tituladas com uma descrição do Sistema Nacional de Ensino Superior de cada um dos países da Comunidade Europeia, favorecendo a transparência das qualificações. Paralelamente ao suplemento de diploma em educação superior, foi desenvolvido o *suplemento ao título ou certificado*, para as qualificações profissionais, de modo que sejam descritas as competências obtidas pelos detentores de um certificado profissional. Os suplementos ao título ou certificado são expedidos pelos organismos ou pelas instituições de cada país e apresentam informações sobre as capacidades e competências profissionais obtidas, as profissões que podem ser exercidas, os organismos de titulação e certificação, o nível do título ou certificado e as diferentes maneiras de formação para obtenção do título ou certificado.

Visando apresentar de maneira simples e eficiente as qualificações e as competências profissionais, a Comissão do Conselho da União Europeia recomendou a elaboração de um Formato Europeu de *curriculum vitae* unificado para toda a Europa (Europass), a fim de apresentar de modo sistemático, flexível e cronológico as competências, capacidades, titulações e certificações das pessoas. O modelo de currículo apresenta uma série de indicações específicas de cada uma das titulações, bem como de diretrizes e exemplos.

Por outro lado, os governos vêm adotando uma série de medidas dirigidas à unificação entre os objetivos da educação geral, a formação profissional e as aprendizagens adquiridas no ambiente de trabalho. Outra das medidas tomadas tem sido no sentido de melhorar os diferentes subsistemas que compõem a Estrutura e os Sistemas de Qualificações e Formação Profissional em cada um dos países-membros da União Europeia. Também, por exemplo, têm sido incorporadas competências transversais nas organizações e competências-chave no Reino Unido e na África do Sul, competências adicionais, como ocorre na Alemanha, e competências essenciais, nos Estados Unidos.

Nas páginas seguintes faremos um apanhado das situações adotadas por vários países representativos e tradicionalmente considerados como modelos na União Europeia (Alemanha, França, Itália e Reino Unido), ou, o que é semelhante, tentaremos mostrar por que esses exemplos se constituem em uma excelente referência no âmbito europeu e, é claro, a situação espanhola em termos de formação profissional e qualificações.

Sistemas de Formação Profissional na Europa

Como ponto de partida, destacamos a criação, no ano de 1975, por meio do Regulamento (CEE) nº 337/ 75, do Conselho (DOL, 39, 13 de fevereiro de 1975, do Centro Europeu para o Desenvolvimento da Formação Profissional, CEDEFOP), entendendo que este é um centro que proporciona informação e análise dos sistemas de formação profissional nos diferentes países europeus. Entre seus objetivos, destaca-se o de apoiar o trabalho dos profissionais que atuam na melhoria da formação profissional na Europa.

A União Europeia

> desenvolverá uma política de formação profissional que apoie e complemente as ações dos Estados-membros, respeitando plenamente a responsabilidade dos mesmos quanto aos conteúdos e à organização dessa formação. As decisões de Copenhague, do ano de 2002, marcaram um passo qualitativo para o desenvolvimento dessas políticas, que também contribuem para a coerência e para a sinergia com a Agenda de Lisboa de Formação Profissional e Continuada 2010 (Art. III do projeto de Constituição [Diário Oficial da União Europeia, 2005]).

Também cabe destacar que o Conselho da União Europeia aprovou, em 12 de novembro de 2002, uma resolução relacionada com a necessidade de fomentar a cooperação, no nível europeu, em termos de formação profissional.

Já o elemento central do Sistema Europeu de Qualificações (EQF) tem como objetivo principal que as pessoas possam utilizar a variedade de ofertas de educação, formação e aprendizagem de modo a permitir a melhoria e a transparência entre os sistemas educacionais, fomentando a mobilidade. Ele é composto por oito níveis de referência, os quais compreendem todas as qualificações possíveis, desde o nível educacional do ensino obrigatório, o nível do ensino universitário até a formação profissional, por meio de descrições baseadas em conhecimentos, habilidades e competências que indiquem os resultados das aprendizagens necessárias para a obtenção de uma qualificação. Cada um desses níveis permite descrever aquilo que uma pessoa conhece, compreende e é capaz de fazer e quais são os resultados da aprendizagem, independentemente do sistema por meio do qual determinada qualificação tenha sido obtida. Tudo isso contribuirá para melhorar as necessidades do mercado de trabalho, e a oferta de cursos de formação facilitará a validação da aprendizagem não formal e informal e a transferência no uso das qualificações entre diferentes países e sistemas de educação e formação.

O projeto de Recomendação do Parlamento Europeu e do Conselho com relação ao Sistema Europeu para a aprendizagem ao longo da vida prevê que os Estados-membros deverão unificar seus Sistemas Nacionais de Qualificações com o Sistema Europeu de Qualificações até o ano de 2009. Como consequência, o Sistema Europeu de Qualificações é a ferramenta de referência para a comprovação dos níveis de qualificação dos diferentes países e sistemas de educação e formação, de modo que tais sistemas se tornem mais acessíveis às pessoas e às empresas.

Na Alemanha, desde o final da década de 1970, o Governo Federal adota o sistema educacional "dual" ou "de alternância" entre a aprendizagem escolar e o posto de trabalho, o que equivale a compartilhar a responsabilidade de dividir a educação e a formação entre os organismos responsáveis nos centros escolares, normalmente públicos, e as empresas, principalmente as privadas. Nesse contexto, o Governo contribui com subsídios para o planejamento, a realização e as experiências de formação. De fato, conforme Bunk (1994, p. 8), as novas disposições para a formação de inúmeras profissões na República Federal Alemã "obrigam os centros de formação a transmitir os conhecimentos e as habilidades exigidos de modo a capacitar o aluno a exercer uma atividade profissional qualificada [...]". O Sistema Dual operante na Alemanha está sendo cada vez mais adotado pelos demais países europeus, a fim de que as pessoas adquiram uma formação profissional básica e conhecimentos e técnicas necessários para a prática de determinado trabalho. A Lei da Formação Profissional de 1969 foi alterada em 2005, regulando a formação nas empresas de toda a Alemanha no referente à formação profissional avançada e à reciclagem profissional compartilhadas pelos setores público e privado.

Os perfis profissionais, por outro lado, são elaborados mediante Decretos Nacionais, nos quais participam os Ministérios Federais, os Ministérios dos Länder (Estados Federados), as Associações de Empresários, a Câmara de Comércio e Indústria e os sindicatos.

O Ministério da Educação e os agentes sociais estão trabalhando em um Sistema Nacional de Qualificações para a Alemanha. De fato, o Instituto Federal de Formação Profissional (*Bundesinstitut für Berufbildung* – BiBB) está encarregado de definir os perfis e os conteúdos curriculares das profissões, de acordo com o sistema dual ao qual aludimos anteriormente. O Instituto também está incumbido de investigar e elaborar relatórios anuais sobre a situação da formação profissional no país.

Com relação ao sistema de certificação na Alemanha, cabe destacar que naquele país os sistemas de aprendizagem na empresa têm forte impacto como meio de aquisição de conhecimentos teórico-práticos que capacitem as pessoas a se inserirem no mercado de trabalho. A certificação das qualificações é levada a cabo mediante exames ministrados pelas comissões paritárias dos setores de atividade, ou seja, as Câmaras de Comércio.

Em outro país da União Europeia, a França, cabe ressaltar que após os movimentos sociais de 1968, a Lei sobre Educação Profissional de 1971 e a posterior descentralização deram um grande passo em direção a uma cultura de diálogo, ou, em outras palavras, o Sistema de Formação Profissional se fundamenta em relações fortes entre as empresas e o sistema de ensino. A encarregada de elaborar e gerir o Repertório Nacional de Certificações Profissionais, o qual é composto por Diplomas, Títulos, Certificados de Qualificações, é a Comissão Nacional de Certificação Profissional. De fato, os certificados profissionais podem ser obtidos mediante a formação profissional inicial e contínua e, em ambos os sistemas de formação profissional, coincidem os destinatários, as instituições envolvidas, os conteúdos, a organização e a certificação. Nos processos de certificação são estabelecidos os objetivos, os conteúdos, o sistema de avaliação e as organizações envolvidas em cada etapa do processo.

Alguns dos tipos de certificados de reconhecimento nacional que comprovam as qualificações de uma pessoa são o Certificado de Competências Profissionais (CCP) ou o Certificado de Competências na Empresa (CCE). Por sua parte, o Centro de Estudos e Investigações sobre as Qualificações (CEREQ), como entidade pública especializada na educação e na formação, conta com dois ministérios de tutela, o Ministério da Juventude, Educação Nacional e Pesquisa e o Ministério de Assuntos Sociais, Trabalho e Solidariedade. Os agentes sociais atuam na definição do conteúdo, no reconhecimento dos certificados, na certificação de sua qualidade e, sobretudo, na gestão dos mecanismos de financiamento e gestão.

Na Itália, cabe destacar que a formação profissional é regida pela Lei nº 196, de 24 de junho de 1997, aprovada pelo parlamento italiano, e neste mesmo ano foi dada a partida de um projeto de renovação da formação profissional que continua em vigor até hoje. Essa lei foi aprovada mediante o Decreto Legislativo do Conselho de Ministros, promovido pelo Ministério do Trabalho, e afeta tanto o sistema de aprendizagem como a contratação das pessoas no mercado de trabalho.

Por outro lado, o Instituto para o Desenvolvimento da Formação Profissional dos Trabalhadores (ISFOL) é um organismo público que, junto com o Ministério do Trabalho, dedica-se ao desenvolvimento da formação profissional, analisando quais são as qualificações e a estrutura das profissões. Sua principal função consiste na organização de atividades para o desenvolvimento da formação profissional. Além disso, ele é o responsável pelas atividades de avaliação dos programas financiados conjuntamente pelo Fundo Social Europeu (FSE) e pela elaboração de um relatório anual sobre o estado da formação profissional.

Outras organizações que desempenham funções relacionadas com a formação profissional na Itália são as seguintes: Centro de Formação e Estudos para o Sul (FORMEZ), Centro de Estudos e Investimentos Sociais (CENSIS) e Associação Italiana de Educadores (AIF). Além disso, as Comunidades Autônomas locais ou provinciais são as encarregadas de desenvolver as ações formativas de aprendizagem com períodos de alternância entre escola e trabalho.

No Reino Unido, a *Qualifications and Curriculum Authority* (QCA), criada em 1997 e subordinada ao Ministério da Educação e das Competências, é a responsável pela elaboração dos planos de estudo, das avaliações, das certificações e das qualificações no âmbito escolar, nos institutos e nas organizações. No âmbito das qualificações, suas incumbências são a manutenção, o controle de qualidade e a atualização permanente do Sistema Nacional de Qualificações. Por iniciativa do Governo, em 1986 foi implementado um Sistema Nacional de Qualificações Profissionais denominado *National Vocational Qualifications* (NVQs), cujo objetivo é certificar as competências profissionais, levando em conta os modelos ocupacionais nacionais. As NVQs têm como finalidade atender às demandas de trabalho da sociedade por meio da ênfase nos processos de aprendizagem, considerando as qualificações para as quais são criadas estruturas de qualificação que lhes permitam ter um papel mais ativo na capacitação dos trabalhadores e desenvolver a certificação por parte dos organismos pertinentes.

Quanto à regulação e à certificação dos modelos ocupacionais nacionais, o responsável é a *Qualifications and Curriculum Authority* (QCA). A certificação no Reino Unido é responsabilidade de organismos independentes de Certificação Nacional, enquanto sua avaliação cabe a centros homologados. Não obstante, o Governo tem papel muito ativo, uma vez que é o principal provedor do Sistema de Qualificações Profissionais.

Sistema de Formação Profissional na Espanha

Na Espanha, destacamos que foi a partir da década de 1990, em função da necessidade de adequação das ações de formação profissional às necessidades do mercado de trabalho, que se produziu uma transformação na formação profissional que permitiu incorporar o reconhecimento das qualificações adquiridas durante o exercício profissional e, inclusive, promover a certificação em nível parcial das qualificações que facilitam o sucesso profissional.

Também devemos lembrar que, desde o ingresso da Espanha na Comunidade Europeia, foram detectadas deficiências no Sistema de Formação Profissional, devido à sua incapacidade de dar uma resposta às necessidades de otimização e de modernização do sistema produtivo, de atender as necessidades de qualificação da população ativa, de facilitar o acesso livre das pessoas ao âmbito comunitário, de acordo com a demanda de formação e as necessidades do mercado europeu. Como consequência e fruto dessas deficiências, foi feita uma revisão e uma reforma no Sistema de Formação Profissional, tanto na gerida pelas administrações públicas educacionais e laborais como no voltado para a população empregada.

Essa reforma começou com a Lei da Ordenação Geral do Sistema Educativo (LOGSE), no ano de 1991, na qual a formação profissional se constitui em um instrumento de importância decisiva para atender às necessidades de qualificação profissional da população economicamente ativa e para o sucesso do processo de integração da Espanha à Comunidade Econômica Europeia.

Não obstante, foi em meados dos anos de 1980, com a criação do Sistema Nacional de Qualificações Profissionais (SNCP) e graças à atuação e participação dos agentes sociais, que se avançou no reconhecimento das qualificações profissionais.

Tanto a Administração como as organizações empresariais e sindicais percebem o caráter estratégico das políticas de formação profissional. Para estes agentes, o diálogo social é a via mais adequada para o estabelecimento de critérios e orientações políticas em termos de qualificações profissionais. Todos os atores colaboram para a necessidade de fomentar um sistema de formação profissional integrado e flexível e para o desenvolvimento limitado do conceito de unidade de competência, um termo que costuma estar impregnado de caráter formal.

Desde 2007, o Conselho de Ministros criou 29 novas qualificações profissionais e 24 novos títulos de formação profissional. A Espanha, por ser um Estado com regiões autônomas, aceita a transferência da Administração das Comunidades Autônomas para que essas possam ampliar os conteúdos das titulações de acordo com as demandas sociais, profissionais e econômicas de seus cidadãos e desfrutar de personalidade jurídica plena em matéria de educação em alguns casos e em outros, sob a tutela do Ministério da Educação e Cultura.

CRITÉRIOS E PERSPECTIVAS

Nos últimos anos, a natureza dinâmica da sociedade e do mundo do trabalho faz com que cada vez mais sejam necessárias novas competências, as quais extrapolam as meramente profissionais, tais como certas aptidões pessoais em termos de capacidade de adaptação, trabalho em equipe, tolerância, resolução de problemas, etc., para que as pessoas e organizações estejam preparadas para atuar em um ambiente em constante transformação. Além disso, as transformações econômicas, tecnológicas e sociais configuram uma nova realidade no mundo profissional, caracterizada pelas novas formas de organização e gestão do trabalho, pela permanente inovação tecnológica, pela automação crescente dos processos de produção e pela reestruturação e crise do mercado de trabalho.

De fato, nos dias de hoje, as mudanças que estão ocorrendo afetam nossas estruturas de trabalho e organização. Isso torna necessários processos de reforma nos sistemas de qualificação profissional. Assim, atualmente as competências formam o conjunto de capacidades, habilidades, destrezas e aptidões que devem ser adquiridas, desenvolvidas e aperfeiçoadas com o objetivo de preparar as pessoas para poderem sobreviver em uma economia de mercado. O importante é desenvolver competências profissionais ao longo da vida, apesar do fato de que a delimitação das mesmas irá variar conforme cada um dos sistemas de formação profissional, uma vez que cada pessoa deverá desenvolver de modo contínuo as competências que são exigidas para determinada profissão.

Por outro lado, não podemos nos esquecer de que, para aumentar a produtividade das empresas em um contexto de globalização, é necessário promover os recursos humanos, o que exige uma melhoria das qualificações e competências das pessoas, de modo que estas aumentem suas possibilidades de inserção e sua mobilidade no mercado de trabalho.

A necessidade de adaptação a um ambiente incerto também motiva a revisão e atualização das qualificações profissionais, tanto para adequá-las ao mundo produtivo como devido ao fato de essas qualificações serem um vínculo central entre a formação e o emprego.

Cabe destacar que as titulações de formação profissional e os sistemas de ensino que levam a elas têm o objetivo de responder às necessidades da sociedade do conhecimento, baseada na competitividade, na empregabilidade, na mobilidade profissional e no fomento à coesão e à inserção social.

Os governos europeus estão conscientes de que a educação e a formação necessitam ser reformadas a fim de preparar melhor as pessoas para a busca de emprego e para a obtenção de sucesso no exercício de sua profissão, de modo que os cidadãos adquiram e atualizem as competências necessárias ao longo da vida. O foco será fundamentalmente no desenvolvimento e na prática de ferramentas comuns aos países europeus que permitam a certificação de sistemas de aprendizagem em diferentes membros da União Europeia.

Por fim, cabe assinalar que a sociedade globalizada na qual nos encontramos influi no desenvolvimento de competências, qualificações e certificação, ressaltando a importância destas e do elemento de formação vinculado a elas. Em outras palavras, as mudanças econômicas, sociais e profissionais atuais fazem com que a sociedade se interesse cada vez mais pelas competências profissionais e pela certificação, ou seja, pela aplicação de conhecimentos, aptidões, capacidades e habilidades das pessoas para o posto de trabalho, independentemente do país em que as pessoas se formaram. No que diz respeito à Europa, também devemos ressaltar a importância de fomentar a transparência nas qualificações profissionais que garanta um sistema de formação comum e coerente com as necessidades da sociedade, um desafio que deverá ser superado para que se obtenha maior transparência dos diferentes sistemas educacionais, facilitando a mobilidade das pessoas.

REFERÊNCIAS

ALEX, L. (1991): "Descripción y registro de las cualificaciones. El concepto de cualificación", en SANTOS REGO, M. A., REQUEJO OSORIO, A. y RODRÍGUEZ MARTINEZ, M.: (1993): *Educación para la innovación y la competitividad: formación y ocupación en el año 2000.* (p. 197-212). Universidad de Santiago de Compostela.

BLANCO, J. (1998): "Métodos y contextos de certificación profesional europea: algunas consideraciones al caso español". En FOREM. *La formación profesional: cualificaciones y certificaciones.* (p. 31-52). Murcia: FOREM.

BOYATZIS, R. E. (1982): "The Competent Manager. A model for effective performance". En LÉVY-LEBOYER, C. (1997): *La gestión de las competencias. Cómo analizarlas, cómo evaluarlas, cómo desarrollarlas.* Barcelona: Gestión 2000.

BRUN, L. (2002): "El Sistema Nacional de Cualificaciones y Formación Profesional en España". En Fundación Tripartita para la Formación en el Empleo: *Formación y compe-*

titividad. Hacia un Espacio Europeo de Aprendizaje Permanente. Madrid: Universidad Complutense de Madrid. Cursos de verano.

BUNK, G. P. (1994): "La transmisión de las competencias de la formación y perfeccionamiento profesionales de la RFA". *Revista Europea de Formación Profesional,* 1, 8-14.

COMISIÓN DE LAS COMUNIDADES EUROPEAS (1993): *Crecimiento, competitividad, empleo: Retos y pistas para entrar en el siglo XXI.* Luxemburgo: Oficina de Publicaciones de la Unión Europea.

______. (2006a): *Propuesta de recomendación del Parlamento Europeo y del Consejo relativa a la creación del marco europeo de cualificaciones para el aprendizaje permanente.* Disponible: http://www.ccoo.es/comunes/temp/recursos/99999/ 35638. pdf

______. (2006b): *Eficiencia y equidad en los sistemas europeos de educación y formación.* Bruselas: Oficina de Publicaciones de la Unión Europea.

DECISIÓN N.º 2241/2004/CE DEL PARLAMENTO EUROPEO Y DEL CONSEJO de 15 de diciembre de 2004 relativa a un marco comunitario único para la transparencia de Ias cualificaciones y competencias (Europass).

DIARIO OFICIAL DE LA UNIÓN EUROPEA (2005). Conclusiones del Consejo y de los Representantes de los Gobiemos de los Estado-miembros, reunidos en el seno del Consejo sobre el papel del desarrollo de las cualificaciones y las competencias en la consecución de los objetivos de Lisboa. (2005/C292/02). Disponible: http://eur-lex.europa.eu/LexUriServ/LexUriServ.do?uri=CELEX:42005X1124(02):ES–(2008). Recomendación del Parlamento europeo y del Consejo del 23 de abril de 2008 relativa a Ia creación deI aprendizaje permanente. Estrasburgo.

FORCEM (1998): *Il Acuerdos de Formación Continua. Acuerdos de futuro. Funda-ción para la Formación Continuada* (1993-1996). Madrid: FORCEM.

GROOTINGS, P. (1994): "De la cualificación a la competencia: de qué se habla?", en *Revista Europea de Formación Profesional,* 1, 5-7.

HOMS, O. (1999): "La formación de los trabajadores a mayor formación mayor cualificación?", en MIGUELES, F. Y PRIETO, c.: *Las relaciones de empleo en España* (p. 48-166). Madrid: Siglo XXI.

INCUAL (2002): El Foro de las Cualificaciones no. 5: *Reconocimiento Evaluación y Acreditación Profesional.* Ministerio de Trabajo y Asuntos Sociales. Consejo General de Formación Profesional.

LEY ORGÁNICA 5/2002, de 19 de junio, de las Cualificaciones y de la Formación Profesional. (B.O.E. no. 147, de 20 de junio de 2002). Disponible:
http://www.mec.es/educa/formacion-profesional/files/LeyCualifyFP.pdf

LÓPEZ-BARAJAS ZAYAS, E (2008). "La formación de formadores, un servicio a Ia ciudadania". En VERGARA, J. (Coord.). *Formación para la ciudadania. Un reto de la sociedad educadora* (p. 57-76). Barcelona: Ariel.

______. et al. (2006): *Estrategias de formación en el siglo XXI.* Barcelona: Ariel.

MARTÍN GONZÁLEZ, Mª T. y QUIROZ, C. (2006): *El desarrollo profesional.* En LÓPEZ-BARAJAS, E. et al. *Estrategias de formación en el siglo XXI: Life long Learning* (p. 317-346). Barcelona: Ariel.

MARTÍNEZ USARRALDE, Mª J. (2002): *Historia de la Formación Profesional en España. De la ley de* 1955 *a 105 programas nacionales de formación profesional.* Valencia: Universidad de Valencia.

MONCLÚS, A (2000): «La formación de los trabajadores y el problema de las competencias en un contexto internacional». En MONCLÚS, A (Coord.): *Forma-ción y empleo: ensenanza y competencias* (p. 3-25). Granada: Comares.

MOORE, A Y THEUNISSEN, A F. (1994): "Cualificación contra competencia: Debate semántico, evolución de conceptos o baza política?" *Revista Europea de Formación Profesional,* 1, 70- 74.

ORTEGA NAVAS, Mª C. (2008): "La Formación continua: Perfil y competencias del formador". Tesis doctoral. UNED.

REAL DECRETO 1128/2003, de 5 de septiembre, por el que se regula el Catálogo Nacional de Cualificaciones Profesionales. Disponible: http://www.boe.es/boe/dias/2003/09/17/pdfs/A34293-34296.pdf

RIAL, A (2000): "La formación para el trabajo: nuevos escenarios, nuevos requerimientos de nuevas competencias y cualificaciones". En MONCLÚS, A (Coord.): *Formación y empleo: enseñanza y competencias* (p. 233-255). Granada: Comares.

SANTOS, M. A, REQUEJO, A. y RODRíGUEZ, A (1993): *Educación para la innovación y la competitividad. Formación y ocupación en el año 2000.* Universidad de Santiago de Compostela.

TOVAR ARCE, M. y PALAZÓN ROMERO. F. (1998): *La formación profesional: cualificaciones y certificaciones.* Murcia: FOREM.

WOLF, A (1994): "La medición de la competencia: La experiencia del Reino Unido". *Revista Europea Formación Profesional,* 1, 31-37.

4

Novos contextos formadores para o desenvolvimento da educação permanente

Maria del Carmen Ortega Navas
Isabel Maria Ortega Sánchez

INTRODUÇÃO

No contexto global da educação como um processo de formação ao longo da vida, devemos reconhecer e integrar tanto o relativo aos contextos educativos formais quanto aos não formais e informais, e fazer com que as escolas e as instituições profissionais deixem de ser o único lugar onde se possa adquirir e aperfeiçoar o conhecimento. De fato, Macías (2004, p. 561) afirma que as constantes mudanças educativas, sociais, econômicas e tecnológicas têm feito com que a instituição escolar não possa fazer frente sozinha às exigências da sociedade atual, "de modo que é necessário que, junto à escola, se ofereçam alternativas de formação que complementem a função educativa do sistema escolar, configurando uma rede de aprendizagem durante toda a vida [...]".

Algumas das ações próprias da educação permanente estão situadas no âmbito da educação não formal. De fato, nossa atual sociedade do conhecimento e da informação, fruto das demandas sociais, culturais, econômicas e tecnológicas, impõe desafios e provocações que exigem mudanças profundas que ultrapassam o ensinamento regrado ou formal.

A pesquisa da Comissão Internacional de Desenvolvimento da Educação (1972), conduzido por Edgar Faure, denominada *Aprender a ser,* afirmava que a educação tem "um caráter global; dirige-se ao conjunto da população e relaciona ou articula todas as estruturas (subsistemas) que têm funções educativas". Deve-se advertir, portanto, que deveremos ter presente as contribuições da educação não formal aos novos campos de formação.

Nas seguintes páginas, parece-nos oportuno, sem pretendermos ser exaustivos, apresentar uma abordagem panorâmica da educação permanente no âmbito da educação não formal. De forma mais concreta, nos âmbitos da educação de adultos e da alfabetização de adultos, da educação ambiental, da educação para o ócio e o tempo livre, do entretenimento sociocultural, da educação para a cidadania e da educação cívica e da formação no mundo do trabalho. A esses âmbitos de atuação vieram somar-se as possibilidades que oferecem as modernas tecnologias da informação e da comunicação (TICs) como fonte ou meio de aprendizagem. Estas últimas se constituem como ferramentas necessárias para continuarmos aprendendo ao longo de toda a vida.

Em suma, todas as áreas citadas anteriormente, que configuram a dimensão educativa, têm sido objeto de análise e serão apresentadas a seguir. Previamente, faremos um breve resumo no plano conceitual sobre a educação não formal e do caráter não formal da educação permanente.

NOVOS PROCESSOS DE TRANSFORMAÇÃO DA SOCIEDADE MODERNA

A globalização, formação da cidadania e inclusão social

Na sociedade atual, a globalização influencia o mercado mundial e os processos de ensino-aprendizagem. A exclusão social ou a pobreza colocam em discussão a necessidade de uma educação ao longo da vida como investimento em capital humano e princípio ativo para a economia e a inclusão social dos cidadãos que demandam o direito da educação para todos.

O Conselho Europeu, que estabeleceu o ano de 2005 como o Ano Europeu da Cidadania por Meio da Educação, atribui um papel crucial ao desenvolvimento da cidadania e a favor da participação na sociedade democrática, incentivando os Estados-membros a colocar em prática políticas de Educação para a Cidadania Democrática (ECD) e a Educação para os Direitos Humanos (EDH).

O acesso ao conhecimento é fator de inclusão social, de participação no mercado de trabalho e de cidadania. Mundialmente existe uma enorme desigualdade nas condições socioeconômicas e no acesso à educação. A educação permanente deverá atender de maneira prioritária aos setores da população a fim de reduzir as carências educativas.

A globalização dos processos formadores promove a elaboração de programas de aprendizagem permanente ao longo da vida, ocasionando a aquisição de novas competências para a qualificação profissional e a criação de uma sociedade ativa e participativa, uma sociedade do conhecimento.

O sistema produtivo atual exige novas qualificações e competências profissionais e o sistema educativo deve adaptar-se a elas. Com a aprendizagem ao longo da vida se adquirem as competências, as destrezas, as habilidades e as aptidões cívicas, sociais e trabalhistas.

O programa europeu "Educação e Formação para 2010" demanda dos governos europeus ações cívicas claras para melhorar os resultados educativos e, assim, poder reduzir a distância entre o nível de qualificação das pessoas, facilitando o acesso às competências-chave e estimulando a capacidade de aprendizagem permanente, para fazer frente à sociedade do conhecimento. A ênfase se coloca novamente em políticas de aquisição de competências e capacidades, relacionadas diretamente com o trabalho e com a competitividade econômica da Europa.

No Fórum Mundial da Educação, realizado em Dakar, Senegal, em abril de 2000, a comunidade internacional encomendou à UNESCO a coordenação do movimento *Educação para Todos*. O objetivo da formação deve ser "cuidar para que sejam atendidas todas as necessidades de aprendizagem de jovens e adultos mediante o acesso equitativo a uma aprendizagem adequada e de preparação para a vida ativa". A erradicação da pobreza e o uso da tecnologia da informação e comunicação são assuntos tratados nos programas da UNESCO. A pobreza cria obstáculos para o processo da educação, enquanto as tecnologias da informação abrem novas possibilidades para conseguir uma educação para todos.

De acordo com Davies (2002, p. 92):

> A aprendizagem permanente desenvolve a competência da pessoa ao longo de sua vida. A competência inclui o conhecimento, as habilidades, as capacidades, a experiência, os contatos e o trabalho em rede, as atitudes e os valores. A aprendizagem permanente dota o indivíduo da habilidade de viver em um mundo em constante mudança e o permite fazer frente a uma sociedade e a uma vida profissional variável.

A globalização, o envelhecimento da população e as mudanças sociais e econômicas geram novas demandas de formação atendidas a partir do paradigma da educação permanente:

1. Formação orientada ao trabalho (iniciação e renovação dos conhecimentos do tipo profissional e a formação em competências profissionais).

2. Formação para o exercício dos direitos e das responsabilidades cívicas (ou para a participação social).
   - A formação da cidadania com ênfase nos direitos humanos, no respeito ao meio ambiente, no reconhecimento de outras culturas como enriquecedoras da sociedade e na educação para a saúde.
   - Formação em educação ambiental: o desenvolvimento sustentável e o meio ambiente.
   - Formação intercultural e multicultural.
   - Educação para a saúde.
3. Formação para o desenvolvimento pessoal (autoestima, criatividade, juízo crítico, participação na vida cultural). (Inteligência emocional).
4. Formação básica para aquelas pessoas que não tiveram acesso à educação igualitária. (Alfabetização de adultos).
5. Formação em tecnologias da informação e da comunicação. (Alfabetização tecnológica).
6. Formação para o ócio e o tempo livre.

Tradicionalmente, as competências profissionais de uma pessoa somente têm podido ser certificadas oficialmente quando a aquisição de tais competências é produzida dentro de um sistema formal, principalmente no âmbito educativo. As aprendizagens não se adquirem somente em contextos formais, mas também são produzidas em contextos não formais e informais, mediante a experiência prática, o intercâmbio da informação e a gestão do conhecimento.

Diversos países de todo o mundo têm desenvolvido disposições legais e metodológicas voltadas para permitir a validação da competência profissional adquirida por meio da prática profissional e em outros contextos não formais.

Os países-membros da União Europeia promoveram uma série de iniciativas manifestadas na denominada "Declaração de Copenhague", na qual foram desenvolvidos princípios comuns relativos à validação das aprendizagens não formais, ao estabelecimento de um sistema comum europeu de qualificações e ao reconhecimento mútuo das qualificações entre os países-membros, mediante um sistema de transferência de créditos.

Na Espanha, com a Lei Orgânica das Qualificações e da Formação Profissional, de julho de 2002, foi criado, no âmbito legal, um sistema que permite avaliar e certificar oficialmente a qualificação profissional, qualquer que tenha sido sua forma de aquisição.

A educação permanente reconhece novos contextos de formação acessíveis, abertos, flexíveis e a distância, por meio da aprendizagem não formal e informal. A educação ao longo da vida é possível com a inclusão das tecnologias no processo de formação.

CONTEXTOS INOVADORES DE FORMAÇÃO PERMANENTE

A educação não formal e sua abordagem conceitual

A educação não formal, tomando-se como base a divisão orgânica do sistema educativo espanhol, concretiza-se no âmbito da formação não regulada ou não institucional, chamada também de formação complementar, destinada à preparação e ao aperfeiçoamento do conjunto de trabalhadores no mercado de trabalho. As ofertas educativas de formação não formal estarão adaptadas às necessidades específicas dos trabalhadores, dependendo da sua situação profissional. Assim, falaremos de ensinamentos enquadrados nas categorias de formação ocupacional, se estiverem dirigidos à população desempregada, e de formação contínua, caso estejam voltados à população ativa.

O conceito de educação não formal tem uma aceitação ampla, o que torna difícil oferecer uma definição única e universal. A educação não formal

> implica atividades educativas de caráter obrigatório. As atividades são realizadas fora do âmbito do sistema educativo oficial; estas são organizadas pelos centros escolares, ou mesmo por organismos ou movimentos juvenis, associações culturais ou esportivas, etc. Tais atividades se desenvolvem por meio de cursos, seminários, oficinas, conferências, congressos, aulas para a terceira idade, educação para a saúde, cursos de aperfeiçoamento e acampamentos de verão, etc. [...] (Ortega Navas, 2006, p. 164).

Coombs (1968, p. 19) refere-se à educação não formal como "aquelas atividades que se organizam intencionalmente com o propósito específico de alcançar determinados objetivos educativos e de aprendizagem". Já Coombs e Ahmed (1975) sustentam que a educação não formal é toda atividade organizada e sistematizada que se realiza fora da estrutura do sistema formal, para proporcionar certos tipos de aprendizagem a subgrupos da população, sejam eles de adultos ou de crianças. Ela engloba todas as atividades sistemáticas da educação à margem da escola e organizadas por numerosos organismos, tanto públicos como privados. A finalidade é oferecer aos participantes experiências de aprendizagem específicas, constituindo um conjunto de estratégias educativas complementares.

Alguns autores preferem fazer alusão à educação não formal em termos comuns como, por exemplo, o ensinamento não convencional ou a educação aberta. (García Garrido, 1991, p. 53-60).

Outros autores, como Trilla (1993), acreditam que a educação não formal se refere a um tipo de educação intencional, sem estar circunscrita a uma instituição, a atividades, a ambientes de educação e a meios de natureza não escolar, cuja finalidade é satisfazer os objetivos educativos determinados.

Enfim, de acordo com Macías (2004, p. 567), a educação não formal é, na sociedade do conhecimento,

> um agente real da mudança educativa e seu papel fundamental é contribuir para a aprendizagem de como viver, conhecer e revelar as informações obtidas do meio e transformadas em experiência, de maneira que sejam úteis para compreender e integrarem-se de maneira satisfatória na sociedade [...].

Daqui em diante, e de acordo com a abordagem de Coombs (1985, p. 51), que faz referência a como as aprendizagens formais "realizadas nos centros escolares são completadas com os ensinamentos e aprendizagens não formais, que potencializam o desenvolvimento pessoal em qualquer idade por meio de atividades que acrescentam conhecimentos e habilidades, que ensinam o uso do ócio e do tempo livre e que garantem uma educação permanente [...]", entenderemos que a educação não formal se refere à toda atividade sistemática que é levada a cabo fora do contexto oficial da escola, isto é, em um contexto extraescolar, para facilitar a aprendizagem tanto de pessoas adultas quanto de jovens e crianças.

O caráter não formal da educação permanente

Como já mencionamos anteriormente, é uma realidade que a educação está submetida, na atualidade, a novos desafios. De fato, a instituição escolar necessita de alternativas de formação que a complementem e permitam dar respostas e superar as exigências impostas pela sociedade atual.

Não devemos perder de vista que a educação não formal tem como traços característicos, entre outros, a multiplicidade e a heterogeneidade que podem adotar, em função das necessidades ou demandas das pessoas implicadas no processo formador, cuja finalidade essencial não é a obtenção de um reconhecimento oficial como o crédito ou o diploma de capacitação profissional. Além disso, a educação não formal caracteriza-se por focar o discente de todas as idades; ela não se limita a horários e locais de programação específicos, tem um caráter mais flexível, o que a torna um ensino focado no aluno e feito sob medida; além disso, tem um caráter sistemático com um planejamento cronológico mais delimitado que a educação informal.

O âmbito da educação não formal (a família entendida como a célula natural da sociedade, os meios de comunicação de massa, o trabalho, a participação social e a arte, entre outros) está focado, cada vez mais, na busca da formação e do aperfeiçoamento profissional, tanto no nível teórico como prático, ao serem sistemas educativos e de socialização que sustentam e complementam o sistema escolar propriamente dito.

Trilla (1993) defende também que, além da educação tradicional no âmbito escolar, é necessário criar outros meios e ambientes educativos paralelos à escola.

Sob a perspectiva histórica, o sucesso da educação não formal tem seu ponto de partida no reconhecimento de que a educação não pode ser considerada como um processo limitado no tempo e no espaço.

Em 1972, a UNESCO, a partir do debate sobre a aprendizagem permanente que levou à publicação do Relatório Faure: *Aprender a ser*, estabeleceu como objetivo o desenvolvimento pleno da pessoa por meio dos conteúdos de aprendizagem que se adquirem além da educação formal, como os elementos relativos a temáticas não formais e informais, como é o caso da educação de adultos, da educação ambiental e da educação cidadã, entre outros, "o conceito de ao longo da vida cobre todos os aspectos da educação [...]". Além disso, tal documento descreveu o conceito de educação permanente e educação ao longo da vida, amplamente conhecido na atualidade, assim o propõe como "o conceito fundamental para as políticas educativas, nos anos vindouros, tanto para os países desenvolvidos como para os países em desenvolvimento" (1972, p. 181-182).

Dave (1979), em seu livro *Fundamentos da educação ao longo da vida,* afirmou que a educação ao longo da vida representa uma nova perspectiva e um novo estilo educativo que compreende áreas formais, não formais e informais de aprendizagem, cuja finalidade é a melhoria contínua da qualidade de vida de cada pessoa e da sociedade. Mais recentemente, em 1996, a UNESCO divulgou uma nova pesquisa na qual foi utilizada uma metodologia semelhante à do documento de 1972. Tal documento, intitulado de *A educação abarca um tesouro,* foi realizado por uma comissão presidida por Jacques Delors, no qual se estabelecem quatro pilares orientados à educação: Aprender a Conhecer, Aprender a Fazer, Aprender a Ser e Aprender a Viver Juntos ou Aprender a Viver com os Demais.

Na década de 1990, os relatórios e as declarações internacionais, a partir do Relatório Faure (1972), contribuíram para retomar a *educação permanente* e *aprendizagem ao longo da vida,* adquirindo dimensão mundial, por meio de uma série de informes e declarações internacionais, tais como o Informe da Comissão Delors, *A educação abarca um tesouro* (1996, p. 37), no qual sustenta que a educação ao longo da vida deve aproveitar "todas as possibilidades que oferece a sociedade".

O Livro Branco de aprendizagem ao longo da vida da Comissão das Comunidades Europeias (1996) destacou que os novos desafios da sociedade e da economia, baseados no conhecimento, vêm convertendo a aprendizagem permanente em uma peça-chave que pretende envolver todos os aspectos educativos e da formação, incluídos os aspectos não formais, ao longo da vida das pessoas. Igualmente se ressaltou a ideia de que a aprendizagem não se limita aos âmbitos formais, regulados e institucionais (centros de ensino, centros de formação profissional e universidades).

Outro dos organismos internacionais que utiliza em sua política educativa a modalidade de educação não formal é a OCDE. O relatório da OCDE *Aprender em qualquer idade* (1996) ressaltou que a aprendizagem não se limita a uma faixa da vida, mas se dá ao longo da mesma. As características que atribui à educação permanente no âmbito da educação não formal são a variedade de objetivos ao longo da trajetória acadêmica e o caráter central na figura do discente faz com que a aprendizagem se adapte ao ritmo de cada aluno com a ajuda das tecnologias da informação e da comunicação.

O Conselho Europeu de Lisboa (2000), no memorando sobre a aprendizagem permanente, destacou que a educação permanente, no âmbito da atuação não formal, é uma parte essencial do processo educativo e é um elemento inquestionável nas políticas para a juventude e no processo de aprendizagem ao longo da vida.

A Comissão Europeia (2001, p. 10) também sustenta que a aprendizagem permanente promove uma ampla gama de objetivos, como o de "melhorar os conhecimentos, as competências e as aptidões com uma perspectiva pessoal, cívica, social ou relacionada com o emprego", insistindo nas atividades de aprendizagem formal, não formal e informal.

Da mesma maneira, a resolução do Conselho de 27 de junho de 2002, sobre a educação permanente, enfatizou que esta abarca a educação desde a etapa pré-escolar até depois da aposentadoria, incluindo todo o leque de modalidades de aprendizagem formal, não formal e informal.

A comissão Europeia e o Conselho da Europa (2004) valorizaram a importância de validar os processos da educação não formal ao considerá-la como chave para o estabelecimento de um inventário de metodologias, sistemas e atividades formadoras na atualidade.

Buscando entender e buscar o desenvolvimento conceitual e não formal da educação permanente, passamos a analisar alguns dos âmbitos da atuação da educação não formal, no contexto da formação da educação permanente.

Âmbitos de intervenção da educação permanente em contextos de educação não formal

Tendo em conta que a educação não formal tem a capacidade de se organizar com base nas necessidades específicas e reais das pessoas, a seguir tentaremos sistematizar e analisar os âmbitos nos quais se desenvolve a educação permanente em contextos de educação não formal.

Educação e alfabetização de adultos

Os adultos, ao contrário das crianças e dos jovens, não estão limitados às exigências legais de assiduidade na instituição escolar; ou seja, o adulto não tem obrigação de aprender se não o deseja, nem de voltar à escola tradicional. Além disso, a educação permanente, segundo López-Barajas (2006, p. 43), "entende que o adulto é o início de seu próprio projeto de vida [...] de tal forma deve ser ouvido pela administração e as organizações para atender as suas necessidades individuais".

As cinco conferências mundiais sobre a educação de adultos foram cruciais no desenvolvimento da educação permanente durante a segunda metade do século XX. Durante a primeira Conferência de Elsinor (1949), atribuiu-se à alfabetização um valor fundamental, mesmo com os diferentes matizes da educação de adultos. A Conferência de Montreal (1960) incorporou pela primeira vez a alfabetização à linguagem oficial da educação de adultos.

As outras três conferências mundiais sobre a educação de adultos, a 19ª Conferência Geral, celebrada em Nairobi (1976), a Carta Mundial sobre Educação para Todos, da Tailândia (1990), e o Fórum Mundial de Dakar (2000) vieram para reforçar, igualmente, a educação permanente no âmbito da educação não formal como fundamental para que as pessoas se adaptem às novas formas de vida social.

De fato, a Conferência Mundial sobre Educação para Todos, celebrada em 1990, em Jomtien (Tailândia), incluiu a alfabetização de adultos entre seus seis principais objetivos em nível mundial. Os acordos feitos visavam fixar as metas educativas, segundo os objetivos estabelecidos, para reduzir o número de pessoas analfabetas e se aproximar dos prazos previstos pela ONU, que estabeleceu como a década da alfabetização de adultos o período compreendido entre os anos de 2003 e 2012.

A UNESCO organizou uma série de importantes conferências internacionais da educação ao longo do ano de 2009. Entre elas, a Conferência Internacional da Educação de Adultos que aconteceu em Belém (Brasil), sob o tema-título "Viver e aprender para um futuro viável. O poder da aprendizagem de adultos". Seus temas foram: a educação inclusiva de qualidade, a educação para o desenvolvimento sustentável, a aprendizagem de adultos e a educação superior.

Todas essas conferências basearam-se na convicção de que a educação é um direito e uma peça-chave para o desenvolvimento e de que a aprendizagem é um processo que dura toda a vida.

A UNESCO considera que a alfabetização de adultos é um objetivo difícil de alcançar, constituindo-se em um requisito do progresso social e humano para satisfazer as exigências impostas pela vida diária e profissional, como também para que se adquira a aprendizagem permanente que impõem as sociedades do conhecimento atuais. Também concebe a alfabetização de adultos como um dos campos de atuação da educação não formal. De fato, uma das preocupações da UNESCO é precisamente erradicar o analfabetismo no mundo, para fazer com que as pessoas sejam menos ignorantes e mais responsáveis pelas suas atitudes ao longo da vida.

A formação e a capacitação de pessoas adultas implicam

> aumentar a consideração da capacidade cognitiva para a aprendizagem de todos os sujeitos, independentemente de sua idade cronológica [...] ampliar o âmbito de atuação educativa a todos aqueles cenários sociais e culturais definidos, tanto no âmbito da educação formal como, muito especialmente, da educação não formal (Martín García e Requejo, 2005, p. 47).

Educação para a cidadania: a cidade como âmbito educativo

A educação e a cidade são fenômenos profundamente relacionados. De fato, a cidade é um agente de formação e socialização com três concepções distintas, porém relacionadas entre si: aprender na cidade, aprender da cidade e aprender a cidade.

Atualmente, a cidade converteu-se em uma esfera de grande potencial educativo não formal no campo da educação permanente. De maneira geral, a cidade é considerada como um meio ou ambiente de educação formal, não formal e informal que funciona como um sistema no qual têm lugar acontecimentos educativos múltiplos e diversos, nos quais se geram estímulos de formação, cultura e socialização.

O município tem que suprir "as deficiências culturais e educativas dos cidadãos, tanto daqueles que abandonaram a escolaridade padrão como dos que têm direito a empregar o tempo livre como um sistema de aperfeiçoamento humano, seja qual for sua idade" (Gairín, Antúnez, Pérez, 1987, p. 93).

Portanto, a cidade é um agente de formação. Segundo Trilla (1993, p. 183) a cidade e, sendo mais específico, a rua, é um dos elementos mais emblemáticos, "é, como se diz, sobretudo na literatura, *uma escola da vida*".

Em suas contribuições, Sureda e Colom (1989) entendem que a cidade é um objeto de aprendizagem e um instrumento didático, ao se converter em um meio para aprender.

A aprendizagem ao longo da vida favorece igualmente a obtenção de cidadania ativa, contribuindo assim para uma melhor compreensão da sociedade, o que facilita que os cidadãos conheçam quais são seus direitos e deveres para que se comprometam a cumpri-los.

Na esfera da educação não formal, o estudo da cidade apresenta grandes possibilidades didáticas ao implicar atividades de aprendizagem coletiva, que se estruturam sobre a base de uma metodologia participativa, facilitando a aprendizagem significativa. Além disso, as competências que se pretendem desenvolver mediante a educação da cidadania são, entre outras, as seguintes: aceitação das diferentes culturas, o respeito aos direitos humanos, a dimensão comunitária da vida e a resolução pacífica dos conflitos.

Educação ambiental

A educação ambiental alerta sobre a importância de conservar o equilíbrio do hábitat do homem. Sua evolução vem sendo fortalecida por meio das experiências ao ar livre, tais como os acampamentos, as escolas agrícolas e as associações de excursionistas.

A educação ambiental não formal é entendida como uma forma de educação dirigida à população em geral, na qual os assuntos abordados se relacionam aos problemas do meio ambiente. Sua finalidade é informar e sensibilizar as pessoas para a participação ativa na resolução de problemas ambientais como uma atitude positiva de cuidado e respeito para com o meio natural e social.

A educação ambiental foi concebida pelas Nações Unidas, em Genebra (1975), como um processo permanente e definida como a educação relacionada com o meio ambiente que pretende formar os cidadãos para conscientizá-los dos problemas do ambiente na vida cotidiana e inculcar neles os conhecimentos e sentimentos de responsabilidade em relação a eles próprios na procura de soluções para os problemas ambientais atuais e futuros.

Segundo Sureda (1987, p. 277), a educação ambiental não formal

> inclui aqueles fenômenos educativos que, mesmo ocorrendo à margem do sistema estruturado de ensino, ou seja, à margem da escola, estão organizados expressamente para conseguir determinadas disposições cognitivas e valorativas, pois são processos intencionais, estruturados e sistemáticos.

As atividades de educação ambiental não formal giram em torno da realização de campanhas de sensibilização para gerar mudanças nos hábitos de consumo, para estimular o uso adequado dos recursos, a prevenção de desastres e o incentivo à saúde, a restauração de espaços naturais, o turismo rural, os acampamentos de verão e a sensibilização sobre os problemas ambientais em geral. Além disso, essas atividades permitem aos professores incorporar conhecimentos a fim de que as pessoas desenvolvam valores e atitudes significativas para realizar transformações no meio ambiente que levam a um melhor entendimento dos conteúdos curriculares emergentes, tanto na escola como fora dela.

Mediante a educação ambiental não formal, uma das atitudes que se pretende formar é a cooperação na procura de soluções para os problemas ambientais que favorecem uma melhoria na qualidade do meio e da vida das pessoas.

Concluindo, algumas das competências que se desenvolvem nas pessoas por meio da educação ambiental são o respeito ao patrimônio ambiental e cultural, ao consumo responsável, à sustentabilidade, ao compromisso da defesa às agressões ambientais e a sensibilidade perante os problemas ambientais, os quais levem à geração de iniciativas de formação em relação a essas questões.

Educação para o ócio e educação do tempo livre. A animação sociocultural

As possibilidades educativas do ócio e do tempo livre são múltiplas e variadas. Ninguém duvida da importância do ócio e do tempo livre em todas as idades para captar e unificar o conhecimento de si próprio e de seu entorno e para entender os estilos de vida do novo cidadão.

Puig e Trilla (1996, p. 83) sustentam a ideia de que a educação do tempo livre implica "aproveitar esse tempo como espaço para alguma atividade educativa, seja do tipo que for". Assim, a Carta Internacional para a Educação para o Ócio da Associação Mundial do Ócio e Recreação (W.R.L.A.

1994, p. 13-16) afirma que a educação para o ócio é um processo contínuo de aprendizagem levado a cabo, nos sistemas de educação formal e informal, para facilitar a participação das pessoas nesse processo.

A educação para o ócio e para o tempo livre é uma parte específica da educação geral para o desenvolvimento humano em termos de aperfeiçoamento, de aproveitamento das experiências de ócio, de melhora e de satisfação vital das pessoas ao longo da vida.

Alguns dos espaços ou meios educativos não formais dirigidos a atividades de ócio, tempo livre e animação sociocultural são muito variados, como, por exemplo: centros de educação do tempo livre, corais e grupos de trabalho, escolas e oficinas de expressão artística, semanas culturais, instalações esportivas e oficinas ocupacionais, associações de bairro, complexos de lazer, museus, associações culturais, cursos de informática e idiomas, aulas para a terceira idade, etc. Esses grupos constituem um grupo de atividades instrucionais, que nas escolas são tratadas de forma secundária ou ensinadas com menor grau de profundidade que o restante das matérias do currículo.

Todos os tipos de instituições ou atividades não formais anteriormente mencionadas contribuem positivamente para que as pessoas adquiram passatempos saudáveis e pessoalmente enriquecedores, implicam formas comunitárias e participantes do ócio que favorecem espaços de socialização e cultivo à diversidade, incentivando também o desenvolvimento da criatividade.

O ócio e o tempo livre têm estado igualmente vinculados ao âmbito da animação sociocultural, compartilhando objetivos, porém com diferenças em relação às estratégias metodológicas.

A animação sociocultural é um fenômeno relativamente recente. De maneira definitiva, surge em meados do século XX, nas sociedades avançadas e, com a prosperidade econômica, inscreve-se fundamentalmente no âmbito da educação não formal, mesmo que possa-se desenvolver também nos âmbitos formais e informais.

As definições de animação sociocultural são múltiplas e variadas. Trilla (1993, p. 89) a define como o

> conjunto de ações realizadas por indivíduos, grupos ou instituições em uma comunidade ou setor da mesma e no contexto de um território específico, com a finalidade principal de favorecer a participação ativa de seus integrantes no processo de seu próprio desenvolvimento social e cultural.

A finalidade da animação sociocultural é favorecer a participação ativa dos integrantes de uma comunidade no processo de seu próprio desenvolvimento social e cultural, assim como facilitar a abertura de novos caminhos para o respeito e a integração.

Educação para o trabalho e educação não formal

A formação para o trabalho é necessária tanto para a sobrevivência e mobilidade das pessoas, nas sociedades modernas, quanto para o desenvolvimento de novas competências.

Hoje é frequente que as pessoas recorram à aprendizagem não formal para melhorar suas possibilidades de acesso ao mundo profissional. De fato, um dos âmbitos mais importantes da educação não formal, desde a década dos anos de 1960, é precisamente o mundo do trabalho.

Uma parte dos estudos e da análise sobre programas educativos não formais relaciona-se, direta ou indiretamente, com a capacitação profissional. De acordo com Trilla (1993, p. 77), a necessidade de replanejar as relações entre o mundo do trabalho e o mundo do ensino apoia-se na necessidade de "um deslocamento da formação profissional em direção aos sistemas educativos não formais, ou seja, outros espaços onde o aprender se desenvolva de forma mais flexível".

Também são numerosas as declarações de organismos nacionais e internacionais que aludem à ideia de que o mundo profissional associado ao processo educativo favorece o desenvolvimento pleno da pessoa. Esse fato é vital para sua inserção no mercado de trabalho e profissional.

Entre outras declarações, destacamos as contribuições da II Conferência Mundial sobre Educação de Adultos, realizada em Montreal (1960), da III Conferência Mundial sobre Educação de Adultos, realizada em Tóquio (1972), da 19ª Conferência Geral, realizada em Nairobi (1976), a comunicação no Livro Branco *Ensinar e aprender: rumo à sociedade do conhecimento* (1997) e a V Conferência Intergovernamental da Educação de Adultos (Hamburgo, 1997).

Por outro lado, na vertente não formal atribui-se aos cursos técnicos e profissionalizantes a tarefa de facilitar a inserção de muitos jovens no mercado de trabalho.

As novas tecnologias e a aprendizagem social

A formação é uma necessidade de todas as pessoas como meio de desenvolvimento pessoal e social e da formação ocupacional. As tecnologias da informação e da comunicação nos abrem caminho para a democratização do acesso à educação, possibilitando a aprendizagem permanente.

A competência digital, segundo a Recomendação Europeia de 2006 sobre o desenvolvimento de competências básicas, é a que implica o uso seguro e crítico das tecnologias da sociedade da informação (TSIs) e, portanto, o domínio das tecnologias da informação e da comunicação (TICs).

A educação para a cidadania deve fundar-se nas competências cognitivas, emocionais, comportamentais e éticas, proporcionando aos cidadãos os conhecimentos, as habilidades e a compreensão necessários para que ele tenha um papel efetivo na sociedade, nos níveis local, nacional e internacional. Todos esses processos de formação integral podem tornar-se reais mediante o uso de ferramentas de informação e comunicação utilizadas de forma ética e social.

Para conseguir criar um ensino de qualidade com estes meios tecnológicos devemos inovar em concepções e na prática pedagógica, realizando uma mudança de atitude perante eles, planejando sua utilização, observando-os como pontes de união entre a educação e o desenvolvimento da atividade profissional na vida real.

O Memorando sobre a Aprendizagem Permanente (2000) propõe o uso e o desenvolvimento das novas tecnologias da informação e da comunicação e a utilização da internet para a promoção da aprendizagem permanente.

A utilização das novas tecnologias não faz do ensino uma prática despersonalizada e mecanizada, pelo contrário, abre-nos um mundo dirigido a uma multidão de gente com formas de aprendizagem diferentes, no qual a aquisição da informação e do conhecimento se faz de maneira opcional e pessoal. O computador mantém-se como o eixo de união entre a educação e a realidade, incentivando a criatividade e o humanismo crescentes dos quais cada vez mais deveríamos estar conscientes.

Por meio da educação a distância abrem-se novas possibilidades de aprendizagem ao longo da vida que facilitam o acesso igualitário à sociedade do conhecimento. Segundo Gómez Feced (2000, p. 8),

> a educação a distância não é somente uma modalidade para substituir o ensino tradicional; pode-se constatar que ela está se impondo progressivamente como um modo habitual e complementar da aprendizagem para todos, em particular para as pessoas adultas.

Cabero Almenara (2000) indica como, ao

> analisar a formação virtual, devemos ter sempre presente que estamos falando da educação a distância, da educação flexível, da educação de adultos e da comunicação mediada por meio de instrumentos telemáticos (redes e computadores); o que facilitará a interatividade entre os participantes, a diversidade de utilização de códigos, o rompimento das variações

espaçotemporais, da utilização de ambientes, tanto fechados como abertos, e da multidirecionalidade da informação.

As metodologias utilizadas na educação por meio das tecnologias devem ter caráter inovador e contextualizado, sendo pilares decisivos para a implantação de um ensino de qualidade por meio desses meios.

Alcalá Lapido e García-Romanillos García (2002) nos explicam a situação das tecnologias da informação e da comunicação:

> Como se pode observar, a Europa está no caminho da transformação da educação mediante o uso de novas tecnologias, tanto no investimento em recursos materiais como na formação de recursos humanos. A tarefa é ainda complicada, posto que a dotação de recursos é tão somente a primeira condição necessária, ela não é suficiente para que as TICs tenham uma incidência significativa nas metodologias de ensino.

O trabalho colaborativo por meio das tecnologias permite o desenvolvimento da inteligência emocional, a aquisição de novas habilidades socioeducativas e sociocomunicativas necessárias para interagir e conseguir um desenvolvimento integral das pessoas, assim como uma integração na sociedade atual.

Bartolomé (1999) nos propõe o trabalho em grupo com o uso de computadores: "Como ocorre com a aprendizagem, o trabalho em grupo é um elemento a mais que se agrega a sistemas já estudados, dando uma perspectiva e uma potencialidade totalmente nova".

As avaliações dos processos formativos mediante a utilização das tecnologias da informação e da comunicação têm natureza contínua e facilitadora de sucessos na aprendizagem permanente.

Segundo Barroso Osuna e Cabero Almenara (2002, p. 225),

> tanto nos processos de ensino-aprendizagem ordinários como nos realizados por meio de ambientes de aprendizagem com o uso de redes virtuais, no momento de garantir que os estudantes incorporem os conhecimentos desejados, é preciso planejar corretamente o percurso da avaliação no processo de ensino-aprendizagem, [...] a avaliação realizada em contextos de formação apoiados na internet deve criar múltiplas oportunidades para que os alunos recebam um constante retorno e, desta forma, melhorem o trabalho realizado.

Se relacionarmos a educação permanente com as novas tecnologias, encontraremo-nos com um ensino a distância, modular, aberto e flexível, com recursos multimídia e internet, tais como sistemas de teleformação e *e-learning* que incentivam a aprendizagem multissensorial, facilitando a aprendizagem ao longo da vida e incentivando um ensino de qualidade acessível.

Manuel Area (2002) nos orienta sobre a importância da alfabetização tecnológica dos adultos como fator de democratização, de formação de cidadãos livres e críticos perante os novos meios de informação:

> [...] podemos afirmar que, hoje em dia, no contexto da sociedade espanhola, grande parte da população adulta está à margem dessa rede mundial de comunicação telemática conhecida como internet. Estes dados, junto com outros, permitem-nos prever que a desigualdade tecnológica aumentará ainda mais as distâncias culturais e econômicas entre alguns grupos sociais. As novas tecnologias da informação e da comunicação podem separar mais do que unir. Elas estreitam a comunicação entre os que a utilizam, mas excluem os que não têm acesso.

A constante evolução dos setores tecnológicos, econômicos e sociais precisa de atualização constante, podendo realizar-se as aprendizagens em instituições reguladas ou não reguladas, formais, não formais e informais, sendo a educação permanente facilitadora da capacitação e da atualização para a adaptação a tais mudanças.

A consciência de uma educação permanente necessária e da atualização profissional e formadora constante é essencial para o desenvolvimento pessoal e para a obtenção de um emprego melhor. Na atual sociedade do conhecimento, o saber é a chave do desenvolvimento educativo e social das pessoas.

A educação permanente é possível por meio da educação a distância e do uso dos meios tecnológicos. Devemos saber como aprendemos para adquirir a autonomia necessária nos processos de ensino-aprendizagem. O planejamento, a contextualização, a definição e a organização de conteúdos, a formação do corpo docente, a seleção dos meios que devemos utilizar, o planejamento dos processos de comunicação e a avaliação são necessários se quisermos conseguir um ensino de qualidade por meio das novas tecnologias.

A formação permanente por meio das tecnologias traz ao desenvolvimento integral das pessoas habilidades para a autonomia na aprendizagem e as habilidades da comunicação. As novas tecnologias facilitam a inserção na sociedade da informação, já que esta exige uma alfabetização tecnológica para poder alcançar o mundo do conhecimento.

Desenvolvendo a formação e a aquisição de conhecimentos por meio das novas tecnologias, acessíveis para todos e contextualizadas, incentivamos a alfabetização tecnológica, promovendo um desenvolvimento pessoal, educativo e, portanto, social, que se refletirá no desenvolvimento global das comunidades e das regiões mais desfavorecidas.

As tecnologias estão beneficiando especialmente os núcleos de populações rurais e isolados, facilitando o acesso à informação, à comunicação e à aprendizagem contínua por meio da construção de comunidades de aprendizagem em rede.

Por meio dessa formação, reconhecemos os benefícios da sociedade do conhecimento para o próprio desenvolvimento econômico da sociedade em seu conjunto. A aprendizagem permanente mediante as tecnologias da informação e da comunicação oferece novas perspectivas à população que carece das muitas possibilidades de formação, melhorando e potencializando conhecimentos, competências e atitudes para seu desenvolvimento e formação educacional, ocupacional, social, cívica e pessoal, criando uma ponte de acesso à educação permanente.

As tecnologias são instrumentos de motivação que centram a aprendizagem no educando, nos processos de ensino-aprendizagem e na educação ao longo da vida.

Com a utilização das tecnologias desaparecem os modelos convencionais de aprendizagem cumulativa e métodos pedagógicos centrados no aluno são buscados, donde se desenvolvem habilidades com as tecnologias da informação e da comunicação, bem como são colocadas em prática atividades de aprendizagem individualizadas, porém sem esquecer tarefas que favorecem o trabalho colaborativo e uma metodologia de aprendizagem baseada na resolução de problemas.

A seguir, expomos algumas características da aprendizagem permanente por meio das tecnologias:

- Acesso à informação e à formação, gerando novas possibilidades de participação social.
- Superação das barreiras espaçotemporais e desenvolvimento de uma formação flexível, aberta e ativa. Transnacionalidade.
- Superação das barreiras entre gerações.
- Alfabetização tecnológica.
- Atualização profissional e formadora.
- Criação conjunta de conhecimentos.
- Incentivo à aprendizagem autônoma e colaborativa.
- Alfabetização emocional.
- Aprendizagem personalizada mediante espaços virtuais adaptados: flexibilidade no ritmo da aprendizagem.
- Motivação mediante o tutor como facilitador e guia dos aprendizes.
- Possibilidade de desenvolver novos processos cognitivos e metacognitivos.
- Aprendizagem de novas formas de comunicação, novos códigos, adquirindo habilidades sociocomunicativas.

- Aprender a aprender.
- Aprendizagem autônoma.
- Aprendizagem colaborativa.
- Geração de comunidades de aprendizagem.
- Geração de comunidades sociais.
- Geração de redes de investigação.
- Aprendizagem de novos valores.

A educação permanente mediante o uso das tecnologias reconhece como educandos toda a sociedade em seu conjunto, é integral porque abarca qualquer tipo de conhecimento e tem como finalidade a formação integral das pessoas e a melhora da qualidade de vida.

CONSIDERAÇÕES FINAIS

A educação não formal é considerada como um instrumento de crescente relevância no processo de *aprendizagem ao longo da vida*.

A função educativa como elemento constitutivo da sociedade é também cumprida por meio dos múltiplos e heterogêneos cenários da educação, os quais nos permitem seguir aprendendo ao longo da vida, como pudemos constatar nas páginas anteriores. De tal maneira, o verdadeiro desafio é construir sociedades e comunidades que satisfaçam o direito à educação para todos, a contínua aprendizagem ao longo da vida em todos os espaços e mediante os diversos meios (trabalho, família, cidade, ócio, etc.), e não unicamente no sistema escolar e por meio da educação sistemática.

A instituição escolar não pode sozinha fazer frente às exigências da sociedade atual, de maneira que é necessário que, junto à escola, sejam oferecidas outras alternativas de formação que complementem a função educativa do sistema escolar, configurando uma "rede de aprendizagem durante toda a vida" para responder com efetividade às necessidades prioritárias da aprendizagem em qualquer idade, adaptando os conteúdos às demandas individuais e sociais e favorecendo comportamentos participativos para a solução de problemas sociais.

Cabe insistir que as necessidades básicas da aprendizagem não se limitam à escola, posto que o avanço vertiginoso do conhecimento implica que as diferentes modalidades do sistema educativo incorporem e processem a informação, os conhecimentos e as habilidades, tendo em conta, também, que o aumento da esperança de vida das pessoas aumenta os aspectos formativos da vida destas.

Finalmente, tal como analisamos ao longo deste tema, algumas das possíveis situações de aprendizagem são precisamente a educação de adultos, a educação ambiental, a educação para o ócio e para o tempo livre, a educação para a cidadania ou educação cívica e a formação no mundo do trabalho.

Cabe salientar que, em nossos dias, se faz necessário aceitar, cada vez mais, que a educação permanente não é competência exclusiva da instituição escolar, mas que é necessário abrir-se para alternativas mais flexíveis que permitam aprender continuadamente ao longo da vida e que sejam geradoras de efeitos de formação e aprendizagem.

A educação permanente é a ponte que pode nos levar a lutar contra as desigualdades sociais, formando cidadãos socialmente ativos, participativos e críticos.

A educação permanente é um dos eixos fundamentais para a criação da cidadania, para se preparar para a convivência, a democracia e o respeito, para formar cidadãos ativos que gerem novos espaços educativos por meio das tecnologias, para o desenvolvimento local e global, mediante novas competências, estratégias e habilidades. A educação permanente exige inovações no campo das ações educativas.

REFERÊNCIAS

ALCALÁ LAPIDO, A. y GARCÍA-ROMANILLOS GARCÍA, I. (2002): "La educación europea se informatiza". En *Revista Critica,* 895, mayo.

AREA MOREIRA, M. (2000): "¿Qué aporta Internet al cambio pedagógico en la educación superior?" En PÉREZ, R. (Coord.): *Redes multimedia y diseños virtuales. Actas del III Congreso Internacional de Comunicación, Tecnología y Educación.* Universidad de Oviedo, septiembre, pp. 128-135.

______. (2002): "Sociedad de la información y analfabetismo tecnológico: nuevos retos para la educación de adultos". En *Diálogos.*

BARTOLOMÉ, A. R. (1999): "Las nuevas tecnologías y la educación". En *1º Congreso Educación e Internet. Educnet' 99.*

BARTOLOMÉ PINA, M. (Coord.) (2002): *Identidad y ciudadanía. Un reto para la educación intercultural.* Madrid: Narcea.

BARROSO OSUNA, J. y CABERO ALMENARA, J. (2002): "La evaluación en Internet". En AGUADED GÓMEZ, J. I. y CABERO ALMENARA, J. (Dirs.): *Educar en Red. Internet como recurso para la educación.* Málaga: Aljibe, p. 225.

CABERO ALMENARA, J. (2000): "La formación virtual: principios, bases y preocupaciones". En PÉREZ, R. (Coords.): *Redes, multimedia y diseños virtuales.* Oviedo: Departamento de Ciencias de la Educación de la Universidad de Oviedo, p. 83-102.

CABERO, J. (2006): "Bases pedagógicas del *e-learning*". *Revista de Universidad y Sociedad del Conocimiento (RUSC)* [artículo en línea]. Vol.3, nº1. UOe. [Fecha de consulta: 9/5/2007]. http://www.uoc.edu/rusc/3/1/dt/esp/cabero.pdf: ISSN 1698-580X.

______. et al. (2003): “Las nuevas tecnologías en la actividad universitaria”. En *Píxel-Bit. Revista de Medios y educación,* n.º 20, p. 81-100.
COOMBS, P. H. (1968): *La crisis de la educación.* Barcelona: Península.
COOMBS, P. H. (1985): *La crisis mundial de la educación. Perspectivas actuales.* Madrid: Santillana.
______. y AHMED, M. (1975). “Attacking Rural Poverty: How non-formal education can help” [Trad. Rodríguez, L.].En TRILLA, J. (1993): *La educación fuera de la escuela. Ámbitos no formales y educación social.* Barcelona: Ariel.
COMISIÓN EUROPEA (2001): *Hacer realidad un espacio europeo de aprendizaje permanente.* Bruselas, COM (2001) 1678 final.
COMISIÓN DE LAS COMUNIDADES EUROPEAS (1995). *Libro Blanco sobre la educación y la formación. Enseñar a aprender. Hacia la sociedad cognitiva* (p. 16 y ss.) Bruselas: Comisión de las Comunidades Europeas.
COMISIÓN DE LAS COMUNIDADES EUROPEAS (2000). *Memorándum sobre el aprendizaje permanente.* Bruselas, SEC, p. 18-32.
CONSEJO EUROPEO DE LISBOA (2000). Bruselas: Consejo Europeo.
CUENCA CABEZA, M. (2004): *Pedagogía del ocio: modelos y propuestas.* Bilbao: Universidad de Deusto.
DAVE, R. H. (Dir.) (1979): *Fundamentos de la educación permanente.* Madrid: Santillana-UNESCO.
DAVIES, D. (2002): “La competencia del aprendizaje permanente en el siglo XXI: un programa”. En TEARE, R., DAVIES, D. y SANDELANDS, E.: *Organizaciones que aprenden y formación virtual.* Barcelona: Gedisa, p. 92.
DELORS, J. (Coord.) (1996): *La educación encierra un tesoro.* Informe a la UNESCO de la Comisión Internacional sobre la Educación para el Siglo XXI. Madrid: Santillana-UNESCO.
FAURE, E. et al. (1972): *Aprender a Ser.* Santiago: UNESCO-Editorial Universitaria.
GAROA GARRIDO, J. L. (1991): “Educación para todos y educación no formal en el marco de una Europa unida”. En AA.W.: *La educación no formal, una prioridad de futuro.* Madrid: Fundación Santillana.
GAIRÍN, J. ANTÚNEZ, S. PÉREZ, A. (1987): *Temas actuales en educación. Panorámica y perspectivas.* Barcelona: PPU.
GÓMEZ FECED (2000): “Entrevista a Gómez Feced”. En *Revista de Educación (RED), 24.* Madrid: MEC.
IFES (2005). *Situación del aprendizaje a lo largo de la vida en España.* Madrid: Ministerio de Trabajo y Asuntos Sociales.
LONGWORTH, N. (2005): *El aprendizaje a lo largo de la vida en la práctica: transformar la educación en el siglo XXI.* Barcelona: Paidós.
LÓPEZ-BARAJAS ZAYAS, E. y SARRATE CAPDEVILA, Mª L. (2002). *La educación de personas adultas: reto de nuestro tiempo.* Madrid: Dykinson.
LÓPEZ-BARAJAS ZAYAS, E., et al. (Coord.) (2006): *Estrategias de formación en el siglo XXI.* Barcelona: Ariel.
MACÍAS, E. (2004): “Aproximación a la intervención de calidad en la educación no formal. Funciones del pedagogo”. Madrid. *Revista Complutense de Educación,* n.º 15, n.º 2 (p. 561-596).
MARTÍN GARCÍA, A. V. y REQUEJO OSORIO, A. (2005): “Fundamentos y propuestas de la educación no formal con personas mayores”. *Revista de Educación,* 338, 45-66.

O.CD.E. (1996): *Lifelong Learning for All.* Meeting of the Education Commitlee at Ministerial LeveI (4th, Paris, France, January 16-17, 1996). Paris: Organisation for Economic Cooperation and Development.
ORTEGA NAVAS, M.ª C (2006): "La educación de las personas adultas y de los adultos mayores". En LÓPEZ-BARAJAS ZAYAS, E. et al.: *Estrategias de formación en el siglo* XXI (p. 101-116). Barcelona: Ariel.
ORTEGA SÁNCHEZ, I. (2006): "Alfabetización tecnológica y emocional". En LÓPEZ-BARAJAS ZAYAS, E. et al.: *Estrategias de formación en el siglo XXI.* Barcelona: Ariel.
PUIG, J. y TRILLA, J. (1996): *La pedagogía del ocio.* Barcelona: Laerkes.
SARRAMONA, J. (1992). *Educación no formal.* Barcelona: CEAC
SUREDA, J. (1987): Programas socioeducativos de educación ambiental no formal, en COLOM. A. J.: *Modelos de intervención socioeducativa.* Madrid: Narcea.
SUREDA, J. Y COLOM, A. J. (1989): *Pedagogía ambiental.* Barcelona: CEAC. TRILLA, J. (1993): *Otras educaciones. Animación sociocultural, formación de adultos y ciudad educativa.* Barcelona: Antrophos.
______. (1996, 2.ª ed.). *La educación fuera de la escuela, Ámbitos no formales y educación social.* Barcelona: Ariel.
UNESCO (1960): *Segunda Conferencia Mundial de Educación de Adultos.* Montreal. Canadá: UNESCO.
______. (1976): *Tercera Conferencia Mundial de Educación de Adultos.* Tokio (Japón). Disponible: http://www.unesco.org
______. (1985). *Cuarta Conferencia Internacional sobre la Educación de Adultos. Informe final.* Paris: UNESCO.
______. (1997a): *Educación de personas adultas y los desafíos del siglo XXI.* Confitea V. Informefinal 14-18 julio. Hamburgo: UNESCO.
______. (1997b): *La educación de adultos: reponsabilidades para el cambio local y mundial en el siglo XXI. Guía para los debates* (p. 265-275). Hamburgo: UNESCO.
______. (1997c): *Actas de la Conferencia General, XIX Reunión Nairobi* 1976. París: UNESCO.
______. (2002): *Learning through life: challenges for the twenty-first century.* París: UNESCO. WORLD LEISURE AND RECREATION ASSOCIATION (1994): International Charter for Leisure Education, en ELRA *(European Leisure and Recreation Association),* Summer, p. 13-16.
______. (2000): Marco Mundial de Acción. Foro Mundial sobre Educación. Dakar, 26-28 de abril de 2000.
RECOMENDACIÓN DEL PARLAMENTO EUROPEO Y DEL CONSEJO, de 18 de diciembre de 2006, sobre las competencias clave para el aprendizaje permanente [Diario Oficial L 394 de 30.12.2006].
DECISIÓN n.º 1720/2006/CE DEL PARLAMENTO EUROPEO Y DEL CONSEJO, de 15 de noviembre de 2006, por la que se establece un Programa de Acción en el ámbito del aprendizaje permanente [Diario Oficial L 327 de 24.11.2006].

5

Globalização, desenvolvimento local e educação permanente

Maria José Albert Gómez

O FENÔMENO DA GLOBALIZAÇÃO

Definição

Em primeiro lugar, seria importante delimitar o conceito de globalização e o âmbito no qual nos encontramos. Como em muitos outros temas de relevância social, a utilização do conceito não pressupõe que haja uma definição clara, universal, mas que cada um o utilize no sentido que mais lhe convém. Uma das ideias adotadas pela maioria dos autores é considerar o processo de globalização da sociedade como algo irreversível. Na sociedade atual é difícil que as pessoas de um determinado país possam ignorar o que ocorre nas outras partes do planeta. Da mesma maneira, a maioria da sociedade está ciente da influência que outros países exercem sobre o que ocorre no lugar em que se vive (Ausua Batarrita, em Pineda, 2002, p. 65).

A globalização é um processo que está afetando distintos grupos sociais, sendo sua influência diferente em cada um deles. Nesta ocasião, focaremos a globalização como abertura de mercados, de fronteiras de trabalho, de redução de tributos alfandegários e políticas de emprego, ou seja, como isso tudo afeta o mercado, a formação e, é claro, o emprego. Tentaremos abordar a complexidade desse fenômeno e as posturas opostas a esse movimento.

Nos últimos anos, a palavra globalização tem sido convertida em uma espécie de ídolo, mas o conceito que dá conteúdo a este termo indica, com suma ambiguidade, riscos e oportunidades que o século XXI nos imporá.

Definir o fenômeno da globalização é algo complexo, já que suas características e seus limites ainda não foram definidos satisfatoriamente. Pode-se fazer uma descrição aproximada, dizendo que a globalização é "um processo de interconexão financeira, econômica, social, política e cultural acelerado pela facilidade dos meios de comunicação e especialmente pela incorporação institucional de tecnologias da informação e da comunicação".

Tal processo apresenta um potencial considerável de fomento do bem-estar econômico e da promoção de relações mais humanas que levem à unidade do mundo. É indubitável que tudo isso induza a uma série de mudanças que afetarão distintos âmbitos da vida das pessoas e que, como tal, deem lugar a movimentos pró e antiglobalização.

Independentemente destes movimentos, o que fica claro é que o mundo atual enfrenta inevitavelmente um impetuoso processo de mudanças que incide em quase todas as áreas e estruturas de cada sociedade, sem importar qual seja seu nível de desenvolvimento ou subdesenvolvimento. Assim, as sociedades avançadas e industrializadas geralmente se mostram capazes de responder rapidamente ao desafio contínuo e violento das novas demandas, mediante a reestruturação de seus sistemas, instituições e processos, integrando-se a um mundo globalizado. As sociedades subdesenvolvidas, ao contrário, têm mais problemas para responder a tais mudanças, já que suas instituições são mais rígidas e têm procedimentos mais obsoletos, ficando de certa maneira excluídas do mundo globalizado. Isso acarreta um enorme contraste social, cultural, econômico e tecnológico entre esses dois tipos de sociedade.

Âmbitos da globalização

Do ponto de vista cultural, a globalização e a interconexão que a acompanha permitem receber novas experiências mediadas pela televisão ou pela internet. Tal fenômeno nos oferece a oportunidade de ampliar o horizonte da cultura e dos valores das pessoas e comunidades, mas também amplia uma cultura da virtualidade na qual se combina relativismo com passividade.

O tempo livre, em especial dos jovens, é gasto com experiências virtuais que, às vezes, podem levar à confusão entre a realidade e a ficção. Tudo isso conduz a mudanças de valores e comportamentos, propagando uma massificação que tende a inibir o pensamento. Por esse motivo, para que a dimensão cultural da globalização se ponha a serviço de estilos de vida humanos, são necessárias a orientação e a adaptação à vida real dessas novas experiências virtuais.

No âmbito econômico e produtivo, a globalização pressupõe, por parte das empresas, a realização de uma série de atividades que, graças aos avanços dos transportes e das comunicações, estendem suas operações a todos os confins do mundo. Isso produz uma convergência das capacidades técnicas das nações industrializadas e um estreitamento entre os vínculos internacionais e globais que antigamente eram mais discretos e entre as firmas nacionais.

Com a globalização, a atividade econômica tende a certa uniformidade quanto à formulação e à aplicação de políticas, já que cada país se converte em um concorrente em mercados finitos e recursos escassos. Por isso, acompanhar as mudanças do mercado, fomentar a competitividade internacional e promover a capacidade empresarial estão se convertendo em elementos comuns dos esforços que as nações devem realizar para melhorar sua inserção internacional.

A globalização supõe, de uma perspectiva de mercado, que os países voltem seus esforços, entre outras coisas, para atrair investimentos diretos, observar o mercado e buscar uma maior competitividade internacional. Tudo isso faz com que os produtores mais bem-sucedidos e de maior peso se agrupem em grandes redes interconectadas, que frequentemente alcançam proporções transnacionais, concorram em mercados extremamente oligopolizados e não tentem otimizar os ganhos de curto prazo, mas o predomínio do longo prazo sobre os mercados.

Por outro lado, a globalização também pressupõe grandes mudanças não tão desejáveis, como a desmaterialização dos produtos devido à influência de critérios de consumo que fazem com que o valor agregado dependa mais do *design*, da imagem e da marca do que dos componentes materiais em si, exigindo que as empresas deem grande importância aos conhecimentos de organização e à apreciação do movimento comercial. Da mesma maneira, chega-se a criar uma subordinação das políticas nacionais aos centros financeiros internacionais.

De qualquer modo, tudo isso deve estar voltado para uma situação geral que vele equitativamente pelo bem de todos.

Em sua acepção mais negativa, a globalização pode ser criticada como a imposição fática de um modelo cultural e social vinculado a um modelo econômico que destrói os melhores valores dos povos, privando-os de sua identidade tradicional. Isso não deveria acontecer, já que o processo de globalização deveria estar orientado para se pôr a serviço das sociedades, das economias e das culturas do mundo inteiro, de tal forma que fosse considerada e respeitada a subjetividade de cada nação e sua soberania absoluta.

Globalização e educação permanente

A sociedade atual, guiada pela globalização, exige uma série de serviços educacionais que não são contemplados pelas sociedades tradicionais e que visam ao desenvolvimento do ser humano. Essa ideia de desenvolvimento implica a inclusão, por um lado, de aspectos tão importantes quanto a formação necessária para um desenvolvimento profissional que permita à pessoa ocupar um lugar na sociedade em que vive e, por outro lado, a adoção de outros valores que não sejam somente econômicos ou da produção. Trata-se de reconhecer como aspectos importantes para o desenvolvimento do homem necessidades imateriais ou não quantificáveis e de caráter social, cultural, mental, psicológico, etc., de uma coletividade. Isso supõe uma visão diferente da economia, segundo a qual a atividade estará a serviço do ser humano e não de um sistema de intercâmbio de objetos, serviços e dinheiro que não leve em conta o indivíduo.

Esta nova ideia de desenvolvimento oferece aos indivíduos uma possibilidade para que apliquem seus talentos e desenvolvam suas capacidades, sejam autônomos na satisfação de suas necessidades, mantenham relações de qualidade com os demais, estabeleçam um equilíbrio entre as atividades humanas e o meio físico e explorem ao máximo a riqueza da expressão cultural (Vachón, B., 2001, p. 106).

A educação permanente, por meio da formação em seus diferentes âmbitos, é a encarregada de levar a cabo o desenvolvimento do homem exigido pela globalização na qual as sociedades atuais estão inseridas.

A crise dos sistemas produtivos e de investimentos, junto com as mudanças provocadas pelos avanços técnico-científicos e suas implicações em todas as esferas vitais, está provocando uma grande convulsão na esfera das adequações dos indivíduos à sua proteção pessoal, social e profissional.

Nesse contexto, o binômio formação-emprego deve ser um dos eixos a partir do qual se deve articular tanto a política sustentadora de todo o sistema educacional como as ações socioprofissionais, uma vez que ambas deveriam desenvolver-se harmonicamente.

Neste momento, não se está estimulando que haja dois sistemas de formação (um que poderíamos chamar de "formação inicial" e outro de "formação continuada"), mas um único sistema que integre de modo global a formação das pessoas por meio de apenas um processo que reúna todos os âmbitos de formação que visam apoiar o desenvolvimento pessoal, a inserção cultural, a adoção de valores, os códigos morais e a proteção da sociedade e do trabalho.

Dessa perspectiva, uma das considerações fundamentais consiste em ressaltar a ideia de educação permanente como meio para alcançar os objetivos globalizantes, incluindo estratégias pertencentes tanto ao campo da educação formal regulada como o da educação não formal ou não regulada.

Frente a uma educação limitada à etapa anterior ao ingresso no mundo profissional, surge a necessidade de uma formação permanente, uma reciclagem constante ao longo de toda a vida e fora do sistema formal de educação. Somente assim é possível ter chances de emprego em um contexto de mudanças e incertezas que se impõe progressivamente.

GLOBALIZAÇÃO E EMPRESA

Mudanças nas empresas decorrentes da globalização

Com a globalização, as empresas enfrentam grandes mudanças em termos de processos de produção, recursos humanos, finanças, contratação, modelo de trabalho, etc. Há duas mudanças parelhas entre si: por um lado surgem empresas multinacionais e empresas nacionais se transformam em multinacionais; por outro, provoca-se uma desagregação das empresas. Nestes processos, as novas tecnologias têm grande importância e influência e elas devem ser adotadas para que as empresas garantam um lugar no mercado e sejam competitivas.

As empresas, por meio de seus executivos, devem dirigir-se aos clientes e tudo o que elas têm deve estar direcionado para os mercados. Todavia, a chave do sucesso está em se voltar para o mercado e assumir um compromisso total com ele, para oferecer valores agregados aos clientes. Para isso, exige-se uma formação estratégica que permita fazer o correto, o adequado e trabalhar da melhor maneira possível. A ênfase está na integração, tanto da empresa com seu ambiente como no próprio interior da organização, em termos de pessoas, tecnologias e sistemas. A atividade deve estar orientada para a previsão das mudanças e a criação de seu próprio futuro.

Os executivos das empresas enfrentam o desafio permanente de conseguir um aproveitamento eficiente dos recursos e das capacidades, a fim de melhorar a operação de suas atividades e gerar estratégias mais competitivas. Para isso, é necessário formar grupos que tenham uma sólida compreensão dos fenômenos e ir além em termos de preparo técnico e desenvolvimento de habilidades, como a sensibilidade para o reconhecimento das mudanças e sua influência no processo de tomada de decisões, permitindo enfrentar adequadamente os desafios do ambiente econômico atual.

As empresas devem trabalhar conjuntamente suas estratégias financeiras, tecnológicas e de recursos humanos, desenvolvendo planos estratégicos gerais e viáveis, realizando análises arrazoadas e orientadas para a seleção de estratégias, de forma que possam satisfazer as necessidades dos clientes e ter em conta as capacidades da empresa.

As empresas multinacionais vêm constantemente adquirindo maior relevância, tornando-se protagonistas da economia, uma vez que é neste âmbito que se dá uma proporção cada vez maior do comércio na escala mundial. Esse fato responde a um fenômeno crucial, que é a facilidade de focar o planejamento e o controle das empresas, enquanto a produção descentraliza-se e subdivide-se geograficamente para aproveitar as vantagens em termos de recursos, custos ou localizações. As empresas multinacionais, ao dividir geograficamente o mundo em zonas de produção e consumo para reduzir seus custos e aproveitar a proximidade dos recursos, possibilitam o planejamento, ou seja, a racionalização dos processos de produção (Bell, D., 1977).

Como fenômeno de mercado, a globalização é impulsionada principalmente pelo progresso técnico e pela capacidade deste de redução de custos, bem como de deslocamento de capitais, de serviços, de dinheiro, de pessoas e de informações. Na etapa atual, o processo de "globalização" caracteriza-se por um notável incremento da capacidade das firmas de fragmentar geograficamente os processos de produção.

Outro fator importante são as chamadas empresas em rede. As grandes empresas estão cada dia mais se descentralizando, dando autonomia de decisão a departamentos e divisões de cada mercado e atividade, criando muitas pequenas empresas coligadas. Cada uma dessas empresas tem autonomia e elas até mesmo competem entre si em determinados mercados e em certas linhas de produtos. Cada departamento, cada divisão, cada mercado nacional e cada filial trabalha com grande autonomia, criando uma rede de empresas domésticas mais ou menos coordenadas entre si.

As pequenas e médias empresas de todo o mundo são, com razão, as mais dinâmicas, as que mais geram empregos em todos os países. No entanto, o problema da pequena e média empresa é que se, por um lado, ela é muito dinâmica, pode criar inovações, por outro ela geralmente é intensiva no trabalho, mas, ao mesmo tempo, não tem o volume de recursos nem a capacidade de competir com as grandes. A separação das empresas soluciona esse problema, já que por trás delas há uma grande empresa ou uma multinacional.

Com a globalização, cria-se uma "rede de redes" entre as empresas. As multinacionais também necessitam das pequenas e médias empresas, as quais denominam de terceirizadas. Assim, as multinacionais têm pequenas empresas que trabalham para elas. As grandes empresas que formam uma rede interna estão conectadas às redes de pequenas e médias empresas, formando uma rede de redes.

As alianças estratégicas entre as grandes empresas são outro fenômeno típico da globalização. São alianças por períodos determinados, para produtos determinados, por meio das quais as empresas fazem acordos para certos fins, unindo suas tecnologias e seus capitais, mas, uma vez esgotado o produto, elas até mesmo voltam a ser tão rivais quanto antes.

Outro fator a destacar é o relacionado com o tipo de trabalho: o modelo de trabalho muda e com ele muda sua relação com a empresa. Trata-se de um modelo mundial, no qual se destaca a flexibilidade estruturalmente determinada e a relação entre o trabalhador e a empresa. As empresas têm a capacidade e a necessidade, por meio da competitividade, de empregar trabalhadores de diferentes maneiras, por diferentes períodos e com diferentes tipos de contratação, criando-se o que é chamado de individualização da relação trabalhador-empresa e individualização do trabalho.

Com todos esses movimentos, vem sendo produzida uma mudança na concepção do trabalho, e já não podemos pensar no trabalho como aquele executado por um funcionário com contrato de prazo indefinido, em horário integral, em uma empresa ou sob uma administração e com uma trajetória profissional mais ou menos previsível. Atualmente, a força de trabalho não corresponde a esse modelo; ela corresponde ao trabalho em meio expediente, aos trabalhadores temporários e autônomos, adaptando-se às necessidades dinâmicas da mesma maneira que as empresas se adaptam, criando novas relações de trabalho.

No entanto, nem tudo é positivo nesta nova relação de trabalho, ainda que seja verdade que a flexibilidade e a individualização do trabalho sejam duas características dessa nova concepção. Castell, junto com as vantagens desse novo sistema, explica-nos seus inconvenientes. Um desses inconvenientes, segundo o autor, é a relação entre a produtividade e a flexibilidade.

A produtividade nas empresas depende do conhecimento que um trabalhador tem sobre o que se passa na empresa e do que ocorre em um processo de trabalho ou em uma cadeia de montagem. É necessário mais do que apenas a tecnologia para o aumento da produtividade; esse algo mais é a capacidade de se adaptar a um processo resultante do que chamamos de experiência na empresa.

É importante que o trabalhador deseje compartilhar essa experiência dentro da empresa, mas se o trabalho é precário, ou seja, se ele pensa que durará pouco tempo, então essas informações não são transmitidas e as experiências são guardadas como arma de negociação com outras empresas. Isso acarreta a perda de produtividade dos trabalhadores, diminuindo sua dedicação e o tempo de trabalho para uma empresa, assim como a produtividade.

Outro problema é o da individualização, que faz com que os trabalhadores possam ter uma relação muito personalizada, em função de suas características com o empregador. Aqueles trabalhadores com altas qualificações e poder no mercado podem inclusive dar-se muito bem, mas todos os que não têm um poder individual no mercado, ao executarem aquilo que vem sendo chamado de trabalho genérico, perdem a capacidade de negociação, o que resulta no aumento da polarização e da desigualdade social.

É indubitável que a globalização acarreta uma mudança na organização das empresas, tanto as voltadas para o mercado doméstico como aquelas voltadas para o exterior, algo que afeta o enfoque do trabalho e do emprego, sendo necessário um pacto social para atenuar os problemas que esse movimento pode acarretar.

Novas estratégias de organização

Além das mudanças de produção e gestão que as empresas estão adotando, algo que por um lado é decorrente da globalização, devemos apontar para outras novidades, como as relativas à organização. As novas tecnologias e os progressos nas comunicações estão permitindo que os empresários planejem estratégias que outrora não eram possíveis. Os centros de trabalho às vezes se encontram em diversos países, algo que ocasionalmente depende de onde está a mão de obra mais interessante, seja por sua especialização técnica, pelo seu custo ou devido a vantagens fiscais.

No âmbito geral da empresa, as exigências de adaptação, inovação e diferenciação determinam o desenvolvimento de novas políticas e estratégias de organização, impondo novos desafios para as empresas tradicionais.

Um desses desafios é a geração de um *trabalho flexível*, já que este é o único recurso que as empresas possuem para atender o mercado de maneira especializada, gerando, por sua vez, lucros. A ideia de um trabalho flexível exige sua organização em grupos de trabalho semiautônomos, células flexíveis. Esse conceito exige do trabalhador a realização de um amplo número de operações diferentes das que eram costumeiramente feitas e que em geral se baseavam na transformação direta da matéria. Entre essas novas operações está o controle de processos, a tomada de decisões, a assunção de responsabilidades, a comunicação, o trabalho em equipe baseado na premissa e no enfoque da mudança constante (Castaño, 1994). A consequência de tudo isso é uma importante alteração nos dois componentes de toda categoria profissional – de um lado a profissão e de outro a responsabilidade –, o que exige qualificações que anteriormente não eram exigidas.

Outro fator importante nessas novas estratégias de organização é, sem dúvida, a *inovação*. A inovação sugere novos enfoques em termos de técnica, organização e comércio, de modo que a empresa siga "adiante", buscando soluções aos problemas que surgem. Para que isso seja possível, é necessário que a empresa conte com uma série de competências, habilidades, conhecimentos e atitudes que permitam manter e fomentar tal postura, com a consciência de que nunca "se chega lá" e de que a mudança e a inovação devem ser permanentes (Bueno Campos, 1996).

Outro componente das novas estratégias de organização é a *qualidade*. A satisfação do cliente, tanto interno como externo, deve ser o objetivo de todos os componentes da empresa, e nestes será necessária uma atitude de melhoria contínua para a satisfação daquelas necessidades que também mudam constantemente.

Entre as ferramentas com as quais a empresa conta para conseguir seu objetivo de qualidade estão o cumprimento de prazos, a realização de manutenções preventivas, o trabalho conjunto em grupos de treinamento pessoal e o ajuste a processos normalizados de trabalho (Asua Batarrita, em Pineda, 2002, p. 73).

Todos os fatores que mencionamos como importantes e necessários para o alcance nas novas estratégias de organização se unem em um que os aglutina, e que é necessário para que exista uma realização ótima de todos eles. Este elemento requer um planejamento empresarial distinto do individualista, do racional, do alcance unilateral das metas econômicas que a teoria clássica nos propõe. É necessária uma consideração global dos interesses dos diferentes grupos que compõem a empresa, bem como dos aspectos sociais desta (normas, valores, hábitos, etc.). Este elemento aglutinador é o que se chama de *cultura da empresa* ou *cultura organizacional* (Garmendia, 1990).

Entendemos como cultura da empresa ou organizacional um conjunto de valores, crenças, conhecimentos e normas de conduta que são comuns a todos os membros da empresa ou organização. Trata-se de um estilo de vida, de um sistema de valores e crenças, de uma forma aceita de inter-relações típicas de determinada organização. Entretanto, além disso, devemos ressaltar que é por meio da cultura organizacional que os integrantes de uma empresa se identificam com esta, desenvolvem um sentido de coesão e compatibilizam suas metas profissionais com as metas da organização.

Perante uma cultura economicista, de maximização dos objetivos empresariais, identificados com os dos proprietários ou grupos dirigentes e dos consequentes conflitos e confrontos, torna-se necessário um planejamento que atenda aos interesses econômicos ou de outros tipos dos distintos grupos envolvidos. Neste contexto, uma organização mais participativa poderia facilitar o reflexo dos interesses nas decisões adotadas e, como consequência, fazer com que a cooperação ou a confiança mútua alcancem níveis adequados.

Portanto, é necessária uma mudança na cultura, uma ressocialização nos valores mencionados que conduza a uma nova imagem e a um novo conceito de empresa, já que esta nova imagem se traduzirá em resultados.

Empresa, competência e inovação

A competitividade é o grande desafio de todas as empresas. No entanto, ainda não estão claras as medidas de apoio que podem ser tomadas para favorecer a realização desse objetivo. Entre outras razões está o fato de que a competitividade é um conceito relativo, já que uma empresa é competitiva em relação às demais empresas do mercado, de forma que as medidas que podem ser tomadas com respeito a um grupo de empresas e em determinados mercados não devem ser aplicadas a outras em mercados diferentes.

Algo que realmente está claro é que, para que as empresas sejam competitivas, elas devem ter o que se chama de prioridades competitivas ou metas, as quais devem ser fomentadas pela alta direção e respaldadas pelos trabalhadores, além de serem objetivos significativos, viáveis e duradouros. Isso exige que a competitividade não esteja centrada somente em aspectos financeiros ou econômicos, os quais sem dúvida têm grande valor para a direção, mas não tanto para o trabalhador, uma vez que tais objetivos não o orientam no desenvolvimento de suas atividades. Já outros fins, como servir o cliente, efetivamente se mostram como orientadores para o trabalhador.

As prioridades competitivas devem apresentar uma série de características. Elas devem ser *estáveis*, ou seja, não se pode mudar as prioridades a cada ano, estabelecendo, por exemplo, que em determinado ano se foque na produtividade, em outro, na qualidade, etc. Em vez disso, elas devem ser mantidas durante algum tempo, caso contrário debilitariam o comprometimento tanto dos diretores como dos trabalhadores. Elas também devem ser *eficazes* e, para tal, apoiar-se nos incentivos oferecidos pela empresa, adequando-se ao que se almeja: qualidade, produtividade, inovação, etc. Também é importante que as prioridades sejam abraçadas, sentidas e *aceitas pela maioria* dos grupos ou trabalhadores da empresa.

Um fator importante que, sem dúvida, influirá na competitividade é a inovação. Geralmente, no mundo empresarial, quando falamos de inovação, nos referimos à tecnologia, ao desenvolvimento de novos produtos e ao aperfeiçoamento dos processos de fabricação. Fernández Sánchez (citado em Rodríguez Gutiérrez 2001, p. 189) nos fala de dois tipos de inovação: de um lado, a *inovação radical*, cujas bases principais são as mudanças bruscas em termos tecnológicos, que têm custos elevados e exigem pessoal altamente qualificado, além de uma mudança radical na forma de proceder; e, do outro, uma *inovação gradual*, por meio da qual as mudanças vão sendo realizadas a partir do preexistente. Este tipo de inovação não precisa de um incremento econômico forte para sua implantação, mas de uma mudança contínua aliada à grande capacidade de direção e organização. Nesta inovação, todo o pessoal da empresa participa – operários, técnicos, engenheiros e cientistas –, com o lema de que o trabalho jamais termina e sempre pode ser aprimorado. Enfim, trata-se de um processo contínuo, de tal forma que ainda que as coisas funcionem bem, elas sempre podem ser melhoradas.

De uma forma ou outra, as empresas devem seguir inovando não apenas em sua forma de produção e em suas tecnologias, mas também nos processos de gestão, organização e recursos humanos, de tal modo que melhorem sua qualidade tanto interna como externamente e se tornem competitivas em um mundo dinâmico e globalizado.

GLOBALIZAÇÃO, TRABALHO E EMPREGO

O novo enfoque do trabalho

As décadas de 1980 e 1990 testemunharam a constituição de um novo modelo de crescimento econômico, cuja característica central é a autonomia do mercado. Naquelas décadas ocorreu uma série de transformações, tanto econômicas como sociais, tecnológicas e demográficas, afetando o trabalho e o mercado de trabalho. Essas transformações deram lugar a uma sociedade industrial na qual impera uma nova ordem de relações entre as atividades profissionais, a mão de obra e, inclusive, o tempo livre.

Do ponto de vista econômico, as fronteiras comerciais, sob os efeitos da globalização, têm sido abertas, dando lugar à liberação do comércio. Os mercados de capitais e bens converteram-se em autênticos mercados mundiais. Os mercados de trabalho, por sua vez, começaram a passar por importantes alterações: no mundo atual, o dinheiro, a tecnologia e os produtos cruzam facilmente as fronteiras nacionais, mas o emprego é criado onde o trabalho é realizado com mais eficácia. Assim, surge a ideia de competitividade. Hoje em dia, as empresas que desejam ser competitivas têm de apostar no aperfeiçoamento de seus serviços, melhorias que sem dúvida passam além dos fatores econômicos, também por valores formativos.

O fator tecnológico tem uma importante influência nesta nova concepção, afetando o mercado de trabalho, sobretudo por meio das chamadas tecnologias da informação e da comunicação. Nas últimas décadas, novas ferramentas de trabalho têm surgido e algumas delas exigem certo nível de inteligência e formação, uma vez que desempenham funções de execução, acompanhamento e controle de modo automático, mudando esses aspectos do panorama do mercado de trabalho.

A criação de uma nova sociedade baseada principalmente na chamada “aldeia global” também vem alterando o mercado de trabalho. O desaparecimento de limites e fronteiras, o intercâmbio cultural, a cooperação e a harmonização no nível político possibilitam uma integração que permitirá uma importante redução do caráter local do trabalho, levando-nos a uma ideia de globalização do mercado de trabalho.

A nova demografia populacional é outro dos fatores que mudam o mercado de trabalho; o desaceleramento das taxas de crescimento populacional e o aumento da expectativa de vida estão provocando mudanças radicais na distribuição etária da população. Tudo isso, somado aos movimentos migratórios, os quais afetam a heterogeneidade da população, faz com que o mercado de trabalho também seja afetado.

Atualmente, estão surgindo diferentes mudanças nas formas de trabalho, as quais influem no mercado laboral. Uma dessas alterações é aquela que está ocorrendo nas formas de produção. Está havendo um forte incremento no setor de serviços, o qual está em alta, mas é exatamente esse aumento de demanda que exacerba uma série de problemas ou defeitos que deverão ser sanados, como a obsolescência de alguns dos postos de trabalho do setor e a falta de formação do pessoal nele envolvido.

Outro fator que devemos levar em conta são as mudanças nas organizações. As transformações econômicas estão forçando as empresas a desenvolver outras estratégias para adaptação às novas características dos mercados e para o aumento da competitividade. Isso nos leva a organizações de trabalho de menor tamanho, mais flexíveis em suas formas e com uma estrutura mais simples e que também se relacionam com outras organizações de seu ambiente.

As mudanças do trabalho dessas organizações voltam-se para o uso das novas tecnologias da informação e para uma organização flexível quanto a horário, tempo e espaço físico. Tudo isso também faz com que as tarefas desenvolvidas nesses postos de trabalho sejam distintas. As atividades físicas estão em queda, o trabalho é cada vez mais sedentário e a atividade mental está em alta.

Com frequência cada vez maior estão sendo executados trabalhos em pequenos grupos, uma vez que está aumentando o contato direto dos prestadores de serviços com os clientes, já que o computador vem se convertendo não somente em uma ferramenta de trabalho, mas também em um instrumento de comunicação.

Todas essas mudanças nos levam a pensar em dois tipos de trabalho: um é o que poderíamos chamar de trabalho autoprogramável, o outro seria o trabalho genérico.

O trabalho autoprogramável é aquele desenvolvido pelo trabalhador que tem a capacidade de redefinir suas habilidades à medida que mudam as tecnologias e, com elas, seu tipo de atividade profissional. São pessoas que possuem a capacidade de se atualizar, de inovar. Neste momento, aquilo que o aluno aprendeu com a conclusão de seu ensino médio ou sua formação profissional rapidamente se torna obsoleto. As tecnologias avançam em grande velocidade e, com elas, também mudam os tipos de empresa, gestão e mercado de trabalho.

Calcula-se que atualmente uma pessoa que entrar hoje no mercado de trabalho, mudará de posto de trabalho ao longo de sua vida mais ou menos quatro vezes. Aquelas pessoas que forem capazes de redefinir o que devem fazer e souberem voltar a aprender nunca se tornarão obsoletas. Para isso, é necessário ter uma cultura geral e capacidade de associação, conhecer quais são as qualificações necessárias para as tarefas que deverão ser desempenhadas, saber onde buscá-las, como obtê-las e aplicálas. Em outras palavras, os trabalhadores devem ter um nível intelectual geral, o que implica toda uma redefinição do sistema educacional: a capacidade social de criar pontes entre o trabalho e a educação (Castells, M., 1997, p. 98).

O outro tipo de trabalho comentado pelo autor é o trabalho genérico, ao qual se dedica aquele tipo de pessoa que tem um nível de educação mais ou menos básico, que simplesmente recebe instruções, executa ordens e que, na verdade, não tem como fazer mais do que isso.

Este é o tipo de trabalho que pode ser facilmente eliminado em função de uma alteração decorrente de mudanças nos sistemas de trabalho ou nas empresas. Tal tipo de trabalho coexiste com as máquinas e com o trabalho genérico executado em outros países, e, portanto, é muito mais fácil de ser eliminado ou trocado por máquinas ou outros trabalhadores de países nos quais a mão de obra é mais barata.

Sem dúvida, a tendência é o trabalho autoprogramável, já que este permite tal adaptação às mudanças que surgem no mercado de trabalho. Contudo, para isso, como já comentamos, é imprescindível o apoio de um sistema educacional que permita essa adaptação e a criação de pontes entre educação e trabalho.

Outro fator importante a destacar dentro da nova organização do trabalho é o tempo de ócio ou tempo livre. Apesar de o trabalho ser uma das principais atividades sociais, há outras atividades que o estão substituindo em termos de importância e provocando a redução do tempo e dos esforços que as pessoas dedicam ao trabalho.

Um desses conceitos é o de ócio ou tempo livre. Este fator cada vez assume maior relevância na sociedade atual, ainda que também seja verdadeiro e igualmente relevante que, devido à maior flexibilidade do tempo dispensado ao trabalho ou à sua forma, cada vez é mais difícil separar o trabalho do lazer. Consequentemente, cada dia é mais frequente a invasão do trabalho nas atividades pessoais, bem como a interferência das atividades pessoais no trabalho.

Não obstante, em termos gerais, podemos dizer que as esferas da vida externas ao trabalho também começaram a ser valorizadas nas últimas décadas.

No contexto europeu, há um fator relacionado ao tempo livre ou ao ócio do trabalhador, mas que, assim como tudo que está relacionado com a globalização, está sujeito a duas leituras. Estamos nos referindo à famosa discussão da carga horária de 35 horas semanais.

Podemos encontrar duas posturas quanto a essa questão. A primeira relaciona-se com a ideia de que as novas tecnologias eliminam os postos de trabalho, substituindo o homem por máquinas e acarretando o desemprego. Segundo essa postura, uma solução para a divisão do trabalho entre todos seria a redução da jornada de trabalho para 35 horas por semana, fazendo com que o trabalho resultante fosse compartilhado entre todos. Tal postura é criticada pela ideia de que não se gera mais trabalho reduzindo o tempo dedicado a ele.

A segunda leitura ou postura é que a tecnologia não reduz os postos de trabalho: ela os transforma e é necessário que se faça uma adaptação destes às novas exigências profissionais.

A relação entre tecnologia e emprego depende de vários fatores e é muito arriscado afirmar que a tecnologia cria ou destrói vagas, já que isso depende de qual emprego, tecnologia, formação ou política de emprego é adotada pelos governos. Enfim, a questão depende de muitos fatores. Todavia, é certo que a tecnologia nos permite trabalhar com mais comodidade, produzir mais, viver melhor e até mesmo ter mais tempo livre, algo que contribui para a qualidade de vida e para os direitos dos trabalhadores.

Globalização e formação continuada

Os efeitos da nova situação sobre o trabalho são radicais. O emprego por toda a vida, na mesma empresa e com uma função praticamente constante é uma realidade que está desaparecendo. O trabalho temporário ou a mobilidade funcional do trabalhador são duas novas realidades que as pessoas são obrigadas a aceitar. O trabalhador tem de se esforçar para adquirir habilidades que lhe permitam sempre poder trabalhar, ainda que não o faça na mesma empresa ou no mesmo cargo.

Por trás dessa ideia de empregabilidade há um conceito de formação distinto daquele proporcionado pelo sistema educativo existente, baseado principalmente na incidência das novas tecnologias no trabalho, nas novas formas de organização do trabalho em escala global e na importância dada à cultura específica de cada centro de trabalho.

Para ter sucesso nesse projeto é necessário reforçar o papel da formação, que deverá adaptar-se a distintos ambientes empresariais e sociais, os quais mudam continuamente. Aspectos importantes desse tipo de preparo são os processos de formação para buscar a obtenção de conhecimentos e hábitos que facilitem a comunicação, no sentido de integração e participação dos membros das organizações empresariais (Lucas, A., 1997).

O tipo de educação que favorece essa adaptação é a formação continuada entendida como educação permanente ao longo de toda a vida. Hoje em dia se considera a formação continuada como um terreno privilegiado de iniciativa e desenvolvimento.

Em torno da formação continuada vai se configurando um mercado de formação para o sucesso da educação na capacitação profissional, mas os conteúdos desse tipo de formação não devem estar voltados unicamente para aspectos tecnológicos. Também é necessário que estejam relacionados a outras varáveis, como a comunicação, as relações sociais, o ócio e o tempo livre, os aspectos pessoais, a tomada de decisões, a resolução de problemas, a adaptação a novos ambientes sociais e globais, etc. Em outras palavras, trata-se de todo um conjunto de ações que prolonga a aprendizagem das pessoas, constituindo-se em um ponto importante do progresso da sociedade.

Na sociedade do conhecimento em que nos encontramos, dá-se grande importância à formação continuada como fator de desenvolvimento e geração de competências.

A função da formação e as unidades de formação dentro das organizações produtivas são concebidas como geração e melhoria continuada de competências, tanto para o trabalhador como para as organizações empresariais, que também estão mudando constantemente para se adaptarem ao ambiente (Asua Barrita, B., em Pineda, P., 2002, p. 80).

O DESENVOLVIMENTO LOCAL

Uma vez definida ou considerada a globalização como um processo que envolve um potencial considerável para o fomento do bem-estar econômico e a promoção de relações mais humanas que levem à unidade do mundo, neste processo não podemos deixar de lado a importância do desenvolvimento das comunidades locais, já que será o nível de desenvolvimento das sociedades que determinará a rapidez de integração desses ambientes ao mundo globalizado, considerando as mudanças implicadas. Como já vimos em seções anteriores dessa obra, as sociedades enfrentam de formas distintas essas transformações. As sociedades avançadas o fazem de maneira mais rápida e empregando meios melhores, enquanto as sociedades mais subdesenvolvidas o fazem de modo mais lento. É fácil adivinhar a importância do desenvolvimento local em todo esse processo e, consequentemente, a necessidade de prestar atenção a ele. Comecemos com uma definição aproximada do que entendemos por desenvolvimento local.

Conceito e características

Entendemos como desenvolvimento local aquele

> processo reativador da economia e propulsor da sociedade local que, mediante o aproveitamento dos recursos endógenos existentes em determinada zona ou espaço físico, é capaz de estimular e fomentar seu crescimento econômico, gerar empregos, renda e riqueza e, sobretudo, melhorar a qualidade de vida e o bem-estar social da comunidade local (Pérez, B. e Carrillo, E., 2000, p. 48).

Destas observações se deduz que aquilo que o modelo de desenvolvimento local almeja é o desenvolvimento harmonioso de um conjunto de zonas que estão economicamente deprimidas ou que precisam rever suas políticas, devido a mudanças de atividades produtivas, ao desemprego, à falta de espírito empreendedor, às carências de formação das pessoas, etc. Se pretendemos que o desenvolvimento local seja completo, será necessária uma economia mais dinâmica e competitiva, para que se possam atingir melhores padrões de bem-estar social e qualidade de vida para os habitantes dessa comunidade local.

Para que se chegue a uma economia dinâmica e competitiva, é necessária a implementação de três tipos de políticas econômicas inter-relacionadas e, portanto, dependentes umas das outras. Estas políticas são as seguintes:

a) As *políticas econômicas setoriais*, cujo objetivo deve ser a melhoria da eficiência e da produtividade nos três setores produtivos (primário, secundário e terciário).
b) As *políticas econômicas locais*, responsáveis pela criação de um ambiente econômico local favorável, uma vez que são as encarregadas de gerir os recursos endógenos.
c) As *políticas ambientais*, que fixam o âmbito de atuação das duas políticas anteriores, trabalhando em conjunto para a conservação, a defesa e a melhoria dos recursos naturais. Além dessas políticas, para se conseguir uma economia dinâmica que potencialize o desenvolvimento local é necessária a atuação dos agentes locais, já que são estes que conhecem melhor as características da problemática concreta que afeta cada território.

Independentemente da importância econômica, há três aspectos importantes do desenvolvimento local a destacar:

1. O desenvolvimento não deriva somente da função e do valor econômico das atividades e da organização social dos indivíduos.
2. O desenvolvimento não depende apenas dos grandes sistemas macroeconômicos nem das instituições centralizadas. Ele também tem muito a ver com as microiniciativas.
3. A pessoa constitui a força motriz do desenvolvimento.

Algumas características do desenvolvimento local:

- É um modelo baseado nas políticas econômicas da União Europeia que leva em conta tanto os fatores internos como os externos.
- Ele inclui um plano com fases como diagnóstico, estudo do ambiente, programação, financiamento e gestão de projetos, bem como o seguimento e a avaliação das ações realizadas.
- É um processo sequenciado no tempo e de mudança estrutural, razão pela qual os resultados são obtidos no médio e no longo prazo.
- Tem sua base de atuação na integração dos três setores produtivos, neles incorporando as inovações tecnológicas.
- Confere grande importância aos fatores endógenos, entre os quais podemos citar a mão de obra qualificada, a infraestrutura e os recursos naturais existentes na região, utilizando os fatores exógenos, já que estes são importantíssimos para fazer valer os endógenos.

- Destaca a presença e a importância de pequenas e médias empresas no ambiente local como promotoras do crescimento e como um dos seus pilares mais fortes.
- Define o meio ambiente como o ponto de partida para a promoção de iniciativas e atividades produtivas ligadas a este meio, respeitando-o.
- Promove a descentralização e a flexibilidade, para que os agentes locais possam dispor de uma margem de manobra que lhes permita fomentar aquelas ações que mais lhes interessam e possam aproveitar sua retroalimentação (Albert Gómez, M. J. e Bonilla Martínez, J. J., 2005).

O desenvolvimento local, um processo integrado

Quando falamos de desenvolvimento, a tendência geral é pensar no desenvolvimento econômico, em macro ou microeconomia e em riqueza global. Talvez fosse lógico pensar que em um mundo globalizado a riqueza global seria necessária para garantir às populações e aos territórios mais marginalizados um nível de vida mais aceitável, mediante programas de assistência e de renda mínima, mas temos de reconhecer que esta opção, em vez de garantir um nível de bem-estar e desenvolvimento dessas coletividades, implica não somente a decadência das economias locais e regionais, mas também o enfraquecimento do tecido social. O desenvolvimento local não é nem deve ser um processo econômico baseado em fatores externos, mas um processo no qual intervenham diretamente todos os atores envolvidos.

Um projeto de desenvolvimento exige a mobilização de todos os atores locais e um alto nível de comprometimento por parte da população. Não seria realista acreditar que se pode garantir a revitalização das regiões marginalizadas mediante uma simples política de pagamento por transferências e iniciativas externas hipotéticas. Também seria um objetivo utópico se as comunidades não manifestassem claramente sua vontade e capacidade empreendedora, seu orgulho de serem artífices do bem-estar, sua responsabilidade no desenvolvimento da coletividade e a confiança em sua capacidade de intervir e, dessa maneira, ser o elemento motor de sua salvação (Vachón, 2001, p. 115).

Tal consideração reconhece a capacidade efetiva ou potencial que a coletividade tem de elaborar, programar e assegurar seu crescimento e desenvolvimento, deixando aos atores locais a iniciativa da ação. Esta ação deve ser realizada não somente no plano econômico, como já comentamos, mas também fazer intervenções no âmbito social e cultural, constituindo-se em um processo não isolado, mas integrado e global.

A necessidade dessa integração justifica-se pelo fato de que, em uma comunidade, existem diferentes grupos, os quais, por sua vez, configuram-se como grupos de intervenção: administrações (municipal, escolar, financeira, etc.); organismos (sociedades de desenvolvimento, centros comunitários, sindicatos agrícolas, etc.); associações (de voluntários, de jovens empresários, de proteção do meio ambiente, etc.). Esses grupos, por um lado, têm uma série de necessidades e, por outro, cumprem uma série de funções e assumem diversas responsabilidades, interferindo e implantando projetos. Cada um desses grupos busca atender necessidades concretas e assegurar por si mesmos o planejamento e a execução das ações pelas quais se responsabilizaram.

A satisfação das necessidades envolve todos os aspectos da atividade humana, por isso as ações para o desenvolvimento local, de geração de empregos, formativas, sociais, comunitárias, humanas, econômicas e técnicas, sejam quais forem os grupos que as sustentam, não podem ser realizadas isoladamente e sem controle. É necessária uma avaliação prévia dessas necessidades, de seus agentes e de seus efeitos na cultura e no meio ambiente da sociedade em questão.

Para que a satisfação dessas necessidades seja algo real, útil e válido, a prática do desenvolvimento local exige um processo integrado que destaque a criação de redes de intercâmbio de conhecimentos, métodos de aprendizagem e serviços em todos os âmbitos e escalas, já que seu propósito é fazer com que o maior número possível de envolvidos possa participar em um projeto comum de desenvolvimento simultâneo e coerente, por meio de um processo sistemático e planejado.

O desenvolvimento local, como um processo global integrado, obriga a coletividade a se conscientizar sobre sua situação, a listar suas forças e fraquezas em termos tanto humanos como físicos, a descobrir seus líderes, a suprir suas necessidades de formação e a determinar como será seu futuro. Este exercício coletivo possibilita o início e a manutenção de um processo de desenvolvimento eficaz e no longo prazo.

Planejamento do desenvolvimento local: a Abordagem do Marco Lógico

Quando dizemos que o desenvolvimento local é um processo sistemático e planejado, queremos destacar a ideia de que ele faz parte de um sistema perfeitamente estruturado e que precisa de planejamento prévio. O processo de planejamento consiste na elaboração de um conjunto de ações que se orientam de maneira consistente para a transformação de um sistema. Tal transformação deve estar baseada na definição de uma ideia ou imagem que reflita o objetivo desejado, devendo alcançá-lo da forma mais eficiente possível (Cantero, P., em Pérez, B. e Carrillo, E., 2000). Cantero nos oferece um modelo de planejamento com os seguintes passos:

1. O primeiro passo consiste em definir a *Ideia ou Imagem*, ou seja, o modelo de sociedade a qual se aspira, esmiuçando a estrutura e o funcionamento do sistema socioeconômico, bem como o comportamento das variáveis e sua inter-relação dentro do modelo. O modelo de sociedade pode ser sintetizado por meio da melhoria do bem-estar econômico e social da comunidade, a qual se manifesta no cumprimento dos objetivos gerais da política econômica. É importante fazer uma descrição do local onde pretendemos implementar o projeto.
2. O segundo passo seria uma análise da realidade, a qual se leva a cabo por meio da elaboração de um *Diagnóstico*. O diagnóstico é um instrumento de análise que permite a sistematização, a apresentação, a interpretação e a avaliação da informação. Deve explicar o funcionamento do sistema econômico vigente e a evolução que experimentaria. Os problemas e suas causas também devem ser determinados. É importante realizar uma análise do território, ver os recursos disponíveis – tanto naturais como humanos –, a situação dos jovens, a formação e seu impacto no mercado de trabalho. Enfim, deve ser feito um estudo socioeconômico da área. O estudo não deve circunscrever-se apenas ao âmbito nacional, incluindo também o internacional, já que devemos estar conscientes da influência do exterior no processo sociométrico interno, pois o desconhecimento das regras de jogo externas poderia invalidar os resultados.
3. O terceiro passo seria a *Análise dos Objetivos*. Os objetivos são as metas que nos propomos alcançar com a implementação do plano. No início, tais objetivos devem ser fixados de maneira provisória, já que seu alcance depende do comportamento de variáveis múltiplas que devem ser ajustadas de forma relativa até que se consiga um equilíbrio de acordo com as necessidades identificadas. As necessidades são identificadas por meio de uma matriz DAFO, na qual colocaremos as Oportunidades, as Ameaças, as Forças e as Fraquezas próprias da área de atuação. Esse estudo

nos fornecerá informações de primeira mão sobre os objetivos a serem alcançados e nos permitirá elaborar as estratégias de desenvolvimento, aproveitando as Forças e as Oportunidades para atenuar ou resolver as Ameaças e as Debilidades.

4. O passo seguinte é a *Análise das Estratégias e Alternativas*. De acordo com os objetivos propostos, pode-se deduzir a estratégia mais adequada para o alcance dos objetivos, o que pode ser feito por diferentes caminhos, em função das alternativas existentes. As alternativas fazem referência a combinações de opções em matéria de alocação de recursos, as quais não precisam ser excludentes entre si, mas podem ser ponderadas de forma que se tornem conciliáveis. Assim, cada alternativa pode estar constituída pela combinação de opções relativas a mudanças que serão feitas na estrutura produtiva, no uso de tecnologias, na formação das pessoas, nas forças sociais, etc. Entre todas as alternativas, será selecionada aquela que melhor possa levar ao alcance dos objetivos estabelecidos.
5. Outro passo é o *Programa de Execução da Política Econômica*. O planejamento do desenvolvimento precisa de um programa de política econômica que busque facilitar a aplicação das estratégias. Isso implica estabelecer as regras do jogo que deverão ser desenvolvidas pelos agentes públicos e privados no referente à execução de tal política, bem como definir os campos de ação nos quais se deseja fomentar os investimentos de tais agentes. A tendência atual é o planejamento participativo, no qual os próprios interessados são os que propõem as áreas e as atividades mais apropriadas nas quais intervir, assim como forma de retribuição dos fatores produtivos por meio de seus interlocutores mais representativos. As entidades locais são as instituições que se encontram em melhor situação para interpretar os problemas dos cidadãos, por estarem mais próximas deles (Cantero e Figueras, em Pérez Carillo, 2000, p. 119).
6. O sexto passo é o *Acompanhamento e Controle da Política Econômica*. Em todo plano é importante prever a realização de um acompanhamento e a avaliação da execução e dos resultados. Para que se atinjam os resultados dos objetivos estabelecidos é imprescindível um mecanismo para comprovar se o planejamento está se desenvolvendo conforme o previsto. Isso implica a fixação de metas, mecanismos de medição e instrumentos de exe-cução. É necessário que se possa comprovar se as coisas estão indo da maneira que havia sido prevista ou se existem desvios em relação ao planejamento inicial; caso existam tais desvios, terão de ser buscadas suas origens, para as

correções necessárias. Devemos levar em conta que o planejamento não é um processo estático, mas dinâmico, e neste processo podem surgir acontecimentos imprevistos ou imprevisíveis.

7. O último passo seria o da *Avaliação e Reformulação*. Esta etapa é muito similar à anterior e nela se busca averiguar quais são as divergências entre os objetivos previstos e o que se alcançou e onde tais disparidades estão. A reformulação, por sua vez, exige modificações e correções que levarão à reelaboração das políticas de ação planejadas, de acordo com as lições aprendidas por meio da avaliação feita.

Para que tudo aquilo que foi exposto anteriormente tenha consistência, não basta apenas a redação de um conjunto de medidas, mas é preciso que haja infraestrutura, instrumentos e recursos disponíveis. Tudo aquilo que colocamos a respeito do planejamento pode ser resumido e organizado no que chamamos de Abordagem do Marco Lógico.

A "Abordagem do Marco Lógico" é um instrumento a serviço do planejamento que tem como base a programação de acordo com objetivos e que trata de estabelecer uma sequência temporal lógica entre os meios e os fins de um projeto, bem como a fixação de certos indicadores que mostrem quando se alcançou o sucesso em cada um dos níveis dos objetivos parciais que levam ao objetivo final, além dos meios de verificação que permitem a medição dos objetivos alcançados. Desta maneira, estabelece-se uma estrutura que engloba todo o processo de planificação. O Marco Lógico apresenta um conjunto de conceitos relacionados entre si. Os principais resultados deste processo são resumidos em uma matriz que descreve de forma lógica os aspectos mais importantes de um projeto.

A primeira coluna, denominada Resumo Descritivo, reflete a relação ordenada e hierarquizada dos objetivos, incluindo os meios necessários para alcançá-los; a segunda apresenta os indicadores (IVOs) que afetam cada um dos níveis desses objetivos, os quais servirão como base para a comprovação do que realmente foi alcançado; na terceira coluna estão os Meios e as Fontes de Verificação (MDV) desses indicadores, ou seja, onde e como se poderá comprovar se o êxito foi obtido; na quarta coluna estão os Pressupostos Importantes, os fatores externos ao projeto, os quais não temos como controlar, mas que são necessários para que se atinjam os objetivos superiores dentro da hierarquia.

Com respeito às linhas: na primeira linha temos o Objetivo Geral, que é objetivo mais alto na hierarquia. Ele é o objetivo que se busca alcançar com a realização do projeto. A linha seguinte é a do Objetivo Específico, refletindo objetivos mais precisos e imediatos, registrando o que o projeto espera alcançar depois de sua finalização, e ele contribui para a consecução do objetivo geral. A próxima linha é a dos Resultados ou Produtos Intermediários, que são os resultados das atividades levadas a cabo para a obtenção dos produtos intermediários, pela gestão, com o emprego dos recursos disponíveis. Tais componentes, quando devidamente coordenados, levam ao alcance do objetivo específico. A última linha é a de Meios e Atividades. Essa parte compreende as ações que devem ser levadas a cabo, sendo a matéria prima sobre a qual se trabalha, a qual pode ser classificada em recursos materiais e imateriais, humanos e financeiros.

O exposto anteriormente é uma introdução simples à Abordagem do Marco Lógico. Temos consciência de que esta técnica exige mais detalhamento e estudos. (Se você quiser estudá-la com mais profundidade, consulte Pérez, B. e Carrillo, E., 2000, p. 121-129.)

Formato da Matriz da Abordagem do Marco Lógico (AML)

	Resumo Descritivo	**Indicadores Objetivamente Verificáveis (IVOs)**	**Meios de Verificação (MDV)**	**Pressupostos Importantes**
Objetivo Geral				
Objetivo Específico				
Resultados Intermediários				
Meios e Atividades		Custos: Pressupostos	Fontes de Financiamento	Condições Prévias

Figura 5.1 Matriz da Abordagem de Marco Lógico (AML).

REFERÊNCIAS

ALBERT GÓMEZ, M. J. y BONILLA MARTÍNEZ, J. J. (2005): *Formación y desarrollo local.* Madrid: UNED.

AGLIETTA, M. (1991): *Regulación y crisis del capitalismo.* México: Siglo XXI.

BELL, D. (1977): *Las contradicciones culturales del capitalismo.* México: Alianza.

BUENO CAMPOS, E. (1996): "La formación profesional continua y la competitividad en España". En AA.VV. (1996): Monográfico sobre "Formación Permanente" *Revista Situación,* n.º 4, p. 167-180, Bilbao: BBV. Servicio de estudioso.

CARNOY, M. (2001): *El trabajo flexible en la era de la información.* Barcelona: Alianza.

CASTAÑO COLLADO, C. (1994): *Tecnología, empleo y trabajo en España.* Madrid: Alianza.
CASTELL, M. (1987): *La era de la información.* Barcelona: Alianza.
CASTILLO, J. J. (1989): *La división del trabajo entre empresas.* Madrid: Ministerio de Trabajo y Seguridad Social.
GARMENDIA, J. A. (1990): *Desarrollo de la organización y cultura de la empresa.* Madrid: ESIC.
GIDDENS, A. (1995): *El capitalismo y la moderna teoría social.* Barcelona: Labor.
LOPE PEÑA, A. (1996): *Innovación tecnológica y cualificación.* Madrid: Consejo Económico y Social.
LUCAS, A. (1997): *La comunicación en la empresa y en las organizaciones.* Barcelona: Bosch.
PÉREZ RAMÍREZ, B; CARRILLO BENITO, E. (2000): *Desarrollo Local. Manual de uso.* Madrid: FAMP.
PINEDA, P. (2002): *Pedagogía laboral.* Barcelona: Ariel.
RODRÍGUEZ GUTIÉRREZ, F. (2001): *Manual de desarrollo local.* Gijón: Trea.
VÁZQUEZ BARQUERO, A. (2000): *Desarrollo local y empleo en tiempos de Globalización.* Granada: Asociación Profesional de Formación y Empleo.
VACHON, B. (2001): *El desarrollo local, teoría y práctica.* Gijón: Trea.

6

A natureza da inovação na educação permanente

Isabel Maria Ortega Sánchez

INTRODUÇÃO

A educação permanente é reconhecida como formação necessária para a adaptação aos novos desafios sociais, tecnológicos e educacionais mediante a aquisição das competências necessárias para se conseguir a inserção social e profissional dos cidadãos.

Os organismos internacionais estão conscientes da importância da educação permanente para o desenvolvimento do capital humano e social e, como consequência, para o desenvolvimento global da sociedade.

Os âmbitos de formação permanente são gerados em novos ambientes de formação não formais e informais. Os sistemas de formação e educação devem garantir a aquisição de necessidades de aprendizagem contínua em uma sociedade digital baseada no conhecimento.

Ortega Navas (2006, p. 163) opina que

> na atualidade, ninguém duvida de que o conhecimento e as estruturas cognitivas pessoais, necessários para a sobrevivência no mundo atual, são obtidos não somente mediante a experiência e a prática em nossas tarefas cotidianas ou mediante a aprendizagem própria dos centros escolares, mas também mediante a experiência e a prática cotidianas.

Aristóteles já dizia que "aquilo que temos de aprender, aprendemos fazendo".

EVOLUÇÃO DO CONCEITO DE EDUCAÇÃO PERMANENTE

A educação permanente é um direito de todos os cidadãos, contribuindo para o bem-estar individual e social e fomentando a igualdade de oportunidades mediante a inclusão social.

Legrand (1973), em sua obra intitulada *Introducción a la educación permanente*, nos assinala a importância da mesma: "a educação na plenitude de sua concepção, com a totalidade de seus aspectos e de suas dimensões, na continuidade de seu desenvolvimento, desde os primeiros momentos da existência até os últimos".

Posteriormente, por meio do Informe da Comissão Internacional sobre o Desenvolvimento da Educação da UNESCO, intitulado *Aprender a ser. A educação do futuro*, Faure (1973) nos explicava o direito das pessoas de aprenderem ao longo de toda a vida.

A educação permanente almeja englobar todas as modalidades de formação dirigidas à população de todas as idades, e busca o desenvolvimento pessoal, social e profissional a fim de melhorar a qualidade de vida de seus cidadãos.

René Maheu, na época diretor da UNESCO, reconheceu que a educação permanente procede de especialistas e gestores da educação de adultos. A educação permanente está relacionada com a educação de adultos como uma demanda da sociedade, com a formação básica daqueles indivíduos que não tiveram acesso à educação igualitária e com a alfabetização de adultos, vista como peça-chave para o desenvolvimento comunitário.

Na Conferência Geral de Nairobi (1976), a UNESCO adotou a definição que conta com o maior reconhecimento em escala mundial e estabeleceu que a educação de adultos, no âmbito da educação permanente, é considerada um elemento fundamental.

> De acordo com a Conferência Internacional de Hamburgo (1997), a educação de adultos compreende a educação formal e a educação permanente, a educação não formal e toda a gama de oportunidades de educação informal e ocasional existentes em uma sociedade educativa multicultural.

Embora a educação permanente não seja somente a educação de adultos, esta faz parte da educação permanente junto com uma diversidade de possibilidades de educação ao longo da vida, não apenas para sanar carências educativas, mas também para atualizar e formar integralmente as pessoas em diferentes âmbitos da vida.

A educação permanente surge como uma necessidade da sociedade de se adaptar a novos modelos produtivos, econômicos, sociais e tecnológicos. Devemos criar espaços de formação permanente para qualificar a cidadania por meio de novos modelos de formação; uma nova alfabetização que garanta a adaptação a diferentes transformações na economia, no trabalho, na sociedade, na comunicação, etc.

O Parlamento Europeu declarou o ano de 1996 como o Ano Europeu da Educação ao Longo da Vida. A formação continuada é uma necessidade para a adaptação a uma sociedade dinâmica nos níveis econômico, político, social e formador.

O Conselho Europeu, reunido em Lisboa em março de 2000, teve como objetivo converter a Europa na "economia do conhecimento mais competitiva e dinâmica do mundo, capaz de um crescimento econômico sustentado, com postos de trabalho melhores e em maior número, e uma maior coesão social". A aprendizagem permanente é um elemento central dessa estratégia, fundamental não somente para a competitividade e a empregabilidade, mas também para a inclusão social, a cidadania ativa e o desenvolvimento pessoal.

Requejo Osorio (2006) nos explica como, desde sua praxis, em meados do século XX, começou-se a falar em educação permanente. Hoje se constata que está ocorrendo uma guinada da educação para a aprendizagem, da educação permanente para a aprendizagem permanente. A aprendizagem implica a participação ativa daquele que aprende e a aquisição de competências para a autonomia, a construção e a gestão do conhecimento de maneira individual, ou seja, para se "aprender a aprender".

A participação ativa dos cidadãos na sociedade exige uma formação permanente por meio de estratégias, metodologias inovadoras e contextos de formação que possibilitem um acesso igualitário à educação, à formação.

Os processos de globalização almejam construir uma sociedade integradora na qual todos tenhamos as mesmas oportunidades de acesso à aprendizagem adaptadas às necessidades de formação dos cidadãos, levando em conta os processos globais e locais. López-Barajas Zayas (2006, p. 27) nos explica como

> a educação continuada tem de estabelecer em suas planificações estratégicas, seus projetos e programas de formação, os conteúdos curriculares oportunos para que os usuários melhorem sua qualidade de vida, ou seja, seu bem-estar individual, social, cultural e econômico. Essas metas somente poderão ser alcançadas se efetivamente, na prática, todos os cidadãos tiverem as mesmas oportunidades.

A estrutura e organização social modificam-se, as formas de organização do trabalho são diferentes, é necessária uma conciliação de elementos fundamentais para o cidadão; a vida familiar, o trabalho, a formação, o ócio. Por meio da educação permanente podem ser adquiridos os conhecimentos, as competências necessárias e impostas pelos requisitos do trabalho e da sociedade atual.

Os níveis de competitividade vêm aumentando e mudando constantemente, razão pela qual é necessária uma formação teórica e prática que construa as bases para possibilitar a inserção social e profissional. As competências para o desempenho de qualquer atividade profissional modificam-se conforme o contexto e é por meio da educação permanente que se podem agregar as ferramentas necessárias para a adaptação às mudanças e inovações profissionais e para a inclusão social.

A competência social é de extrema importância: são as habilidades e estratégias sociocognitivas de interação que uma pessoa tem. Alguns valores dessa competência são o autocontrole, a autorregulação emocional, a habilidade de resolução de problemas, etc. A formação baseada em competências deve ser considerada como um processo flexível, aberto, uma formação ao longo da vida.

Os cidadãos ativos na vida política e social enriquecem a sociedade por meio de sua participação e cooperação para a construção de um espaço de aprendizagem permanente e contribuem para o bem-estar social.

A Constituição Europeia (29 de outubro de 2004) declara que "toda pessoa tem direito à educação e ao acesso à formação profissional e permanente". A educação permanente é um dos pilares fundamentais para a criação da cidadania, o preparo para a convivência, para a democracia e para o respeito. Com a aprendizagem ao longo da vida são adquiridas as competências, as destrezas, as habilidades e as aptidões cívicas, sociais e profissionais para a inserção na sociedade.

A pedagogia social faz parte da educação permanente, já que ela tem como objetivo a maturidade social dos cidadãos, a participação social e a inclusão social. "Para educar uma criança é necessária toda uma tribo."

A exclusão social ou a pobreza reforçam a necessidade de uma educação ao longo da vida como investimento no capital humano e princípio ativo para a economia e a inclusão social dos cidadãos, a qual exige o direito à educação permanente para todos.

É relevante para a educação permanente o conceito de cidade educativa. A educação não pode se limitar à escola, ela é parte de nossas vidas e deve estar presente em todas as atividades humanas. Trilla, J. (1990), nos explicou o primeiro princípio configurador da "cidade educativa", dizendo que "a educação permanente é a chave do arco da Cidade Educadora". A educação não pode ficar restrita aos ambientes da educação formal, ela deve ultrapassar fronteiras e conseguir aprender com as interações sociais, por meio da criação de ambientes de formação inovadores e criativos.

A educação permanente é um dos pilares fundamentais para a criação de uma cidadania ativa e participativa que lute contra as desigualdades e favoreça os processos de inclusão e o desenvolvimento das pessoas.

O Conselho Europeu estabeleceu o ano de 2005 como o Ano Europeu da Cidadania por meio da educação, a qual desempenha um papel crucial no desenvolvimento da cidadania e a favor da participação na sociedade democrática, motivando os Estados-membros a pôr em prática políticas de Educação para a Cidadania Democrática (ECD) e políticas de Educação para os Direitos Humanos (EDH).

O acesso ao conhecimento é um fator de inclusão social, de participação no mercado de trabalho e de cidadania. Mundialmente, existe uma enorme desigualdade nas condições socioeconômicas e no acesso à educação. A educação permanente deverá atender de maneira prioritária os setores excluídos da população, com a finalidade de reduzir as carências na educação.

A educação permanente é a ponte que nos pode levar a lutar contra as desigualdades sociais, formando cidadãos socialmente ativos, participativos e críticos. É necessário educar a sociedade em seu conjunto de ambientes de formação formais, não formais e informais; ou seja, devemos educar para o desenvolvimento integral das pessoas.

Estamos buscando ressaltar algumas perspectivas emergentes, dentro do âmbito da educação permanente.

A importância dos movimentos migratórios produz uma nova realidade sociológica. As diferentes culturas devem ter acesso à educação, a uma educação ao longo da vida, respeitando suas tradições, seus costumes e fundamentos, rechaçando preconceitos, chavões e etnocentrismos.

A missão do educador será dar um passo para a interculturalidade, abordando as distintas realidades culturais que convivem em uma sociedade, desenvolvendo novas estratégias educativas que facilitem a integração e a possibilidade de educação permanente para todos.

Para facilitar a aprendizagem significativa, ressaltamos a importância de que os educadores conheçam, além dos principais interesses e da experiência dos educandos, a essência da vida humana, os bons valores, as posturas, as aptidões que contribuem para o desenvolvimento das habilidades de comunicação, de interação como base para a convivência, algo que se aprende ao longo da vida. A educação permanente deve conhecer as propriedades essenciais dos seres humanos, de suas circunstâncias históricas e culturais, ou seja, de seus ambientes etnográficos, culturais, psicológicos e sociais.

A educação permanente pode superar as desigualdades sociais dando sentido para uma nova cultura social, empregando uma pedagogia que oriente para a participação social, a liberdade e a justiça social e contribuindo para um futuro multicultural e intercultural.

A educação permanente exige da sociedade da globalização um papel relevante, transformando-se em uma variável estratégica do progresso e possibilitando a aquisição, a atualização e o uso do conhecimento.

APLICAÇÃO DAS TECNOLOGIAS DA INFORMAÇÃO E DA COMUNICAÇÃO PARA A IMPLEMENTAÇÃO DA EDUCAÇÃO PERMANENTE

A incorporação de novas tecnologias da informação e da comunicação em todos os ambientes sociais, culturais, educativos e econômicos está provocando mudanças nos estilos de vida, em nossas formas de trabalhar, de nos relacionar e de conviver.

A sociedade do conhecimento, junto com a globalização, impõe novos desafios sociais e educacionais, os quais podem ser solucionados mediante uma aprendizagem permanente com o uso das novas tecnologias.

A aprendizagem formal, não formal e informal é um processo acumulativo. São adquiridos conhecimentos, habilidades, atitudes, aptidões e valores de forma flexível, dinâmica, por meio das tecnologias, evitando os problemas de exclusão social e educacional e desenvolvendo uma educação permanente de qualidade por meio desses recursos.

A educação permanente reconhece os novos ambientes de formação, os quais são acessíveis, abertos, flexíveis e virtuais e a aprendizagem não formal e informal como fontes de conhecimento que se tornam reais com a utilização das tecnologias e o aproveitamento de seu potencial na formação das pessoas. As tecnologias da informação e da comunicação abrem-nos um caminho para a democratização do acesso à educação, possibilitando a aprendizagem permanente.

Segundo a recomendação europeia de 2006 sobre o desenvolvimento de competências básicas, a competência digital é importante devido ao sistema de produção atual e à demanda por novas qualificações e competências profissionais. O sistema educacional deve adaptar-se a essas demandas. "A aprendizagem permanente confere ao indivíduo a habilidade de viver em um mundo em constante mudança e de fazer frente a uma sociedade e a uma vida profissional dinâmica".

O programa europeu "Educação e formação para 2010" exige dos governos europeus ações claras para a melhoria dos resultados educacionais e consequente redução das diferenças entre os níveis de qualificação de seus cidadãos, facilitando o acesso às competências-chave e estimulando a capacidade da aprendizagem permanente, para fazer frente à sociedade do conhecimento. Novamente, a ênfase é posta nas políticas de aquisição de competências e nas capacidades relacionadas diretamente com o trabalho e a competitividade econômica da Europa.

Na Espanha, com a Lei Orgânica das Qualificações e da Formação Profissional, de julho de 2002, foi criado o amparo legal para a criação de um sistema que permita avaliar e certificar oficialmente a qualificação profissional, independentemente de qual tenha sido sua forma de aquisição.

As aprendizagens não são apenas adquiridas em ambientes formais, mas também produzidas em contextos não formais ou informais, mediante a experiência prática, o intercâmbio de informações e a gestão de conhecimentos e competências, por meio da formação virtual. Os conhecimentos e as competências profissionais de uma pessoa tradicionalmente eram certificados em ambientes formais de educação; porém, hoje é necessária a existência de certificação da formação recebida em ambientes de educação não formais. As aprendizagens não formais são atualmente desenvolvidas por meio da formação virtual e o desenvolvimento de sua qualidade deve ser um dos objetivos principais, bem como seu reconhecimento como ferramenta para a aquisição de competências profissionais.

A educação permanente na sociedade do conhecimento depende das mudanças tecnológicas. Neste processo de desenvolvimento, deparamo-nos com efeitos sociais, econômicos e educacionais de caráter positivo e negativo:

- Consegue-se uma melhor comunicação entre as pessoas. É necessário conhecer o caráter natural desses meios tecnológicos e podemos considerar que se possa conseguir uma recuperação da comunicação parecida àquela que ocorreu na etapa pré-tecnológica, já que emissores e receptores podem se comunicar em tempo real e a interatividade está presente em sua comunicação verbal e não verbal (como nas videoconferências, por exemplo).
- Criam-se novas formas de participação social. Os sistemas de comunicação tornam-se mais participativos, permitindo o diálogo e a cooperação.
- Surgem novas formas de atividade produtiva: trabalhos em redes de telecomunicação.
- Existe uma grande quantidade de informações. A saturação da informação e da pseudoinformação pode gerar problemas, caso se

desconheçam os processo adequados de seleção da informação. Devem ser selecionadas, desenvolvidas e aprendidas estratégias de acesso e de seleção de informação.

- Mudanças tão aceleradas provocam inadaptação, criando rupturas entre as gerações.
- Democratizam-se os processos de informação. O acesso à informação é mais rápido e eficaz, visto que as possibilidades são maiores.
- Fomentam-se as desigualdades, caso não contemos com os meios adequados.
- Fomenta-se a aprendizagem permanente. A aprendizagem ao longo da vida é necessária para aprender a se adaptar às mudanças tecnológicas, aos novos códigos de comunicação.

São necessárias mudanças e estratégias que conduzam a uma educação permanente e adequada à sociedade da informação e da comunicação, à sociedade que precisa conhecer e "aprender a aprender".

Alguns dos elementos e condições que afetam a educação permanente na sociedade, por meio das tecnologias, podem ser os seguintes:

1. *A formação contínua*, por meio da geração de novos espaços tecnológicos de formação.
2. *O novo papel do formador*. Roig Vila (2002, p. 160) nos explica como

> é necessário que os docentes (como todas as pessoas que ingressam no século XXI) conheçam e utilizem as TICs e suas possibilidades pedagógicas e as valorizem como um recurso para melhorar e enriquecer o processo de ensino e aprendizagem. É necessário que eles desenvolvam estratégias para integrá-las à sua prática de ensino, porque esses recursos são ferramentas poderosas e de apoio, são materiais didáticos, motivadores, socializadores e potencializam distintas habilidades (linguísticas, comunicativas, racionais e artísticas) que permitem tanto o intercâmbio entre professores como entre alunos.

3. *O novo papel do educando*. Devido à mudança nas formas de aprendizagem, o aluno precisa aprender a desenvolver novas habilidades para o desenvolvimento de uma aprendizagem autônoma e colaborativa valendo-se desses meios e a fim de "aprender a aprender".
4. *O desenvolvimento das habilidades sociais e comunicativas*. Como a forma pela qual nos relacionamos tem mudado, devemos aprender novas habilidades para a codificação e para a decodificação da informação, novas formas de interagir, etc.

5. *A inovação na elaboração dos programas de ensino.* Cabero Almenara (1998) explica algumas das possibilidades que o uso das novas tecnologias propicia:

> [...] a base para que as novas tecnologias possam servir de elemento de ajuda para que o estudante supere a ZDP (Zona de Desenvolvimento Próximo), ou seja, o que o sujeito é capaz de fazer por si só e o que seria capaz de fazer com a ajuda do professor, esteja este presente ou a distância, encontra-se, em parte, na possibilidade que tais tecnologias oferecem para a individualização da instrução e, em parte, na elaboração específica de programas que facilitem a construção e a elaboração do conhecimento por parte do estudante e o seu seguimento para a superação dos déficits que surgirem.

6. *O desenvolvimento democrático*, compensando as desigualdades educativas, sempre que não sejam reduzidas pela falta de recursos educacionais, tecnológicos e humanos.
7. *O desenvolvimento de uma educação multicultural e de atenção à diversidade.* A professora Sevillano García (1998b, p. 299) explica-nos a importância da utilização das tecnologias no âmbito educativo:

> A importância das novas tecnologias da informação no processo de ensino-aprendizagem tem sido amplamente reconhecida nas diferentes reformas levadas a cabo dentro e fora de nosso país [Espanha] nas últimas décadas. Para muitos docentes, sua introdução na sala de aula vem se mostrando uma ferramenta manejável, atraente, eficiente e gratificante. Com essas tecnologias, tem-se demonstrado que podem ser ampliados os horizontes culturais, estimulado o desenvolvimento cognitivo das pessoas, melhorados os processos de aquisição de objetivos das diferentes disciplinas do currículo e satisfeitas as necessidades educacionais especiais daqueles alunos que apresentam dificuldades de aprendizagem significativamente superiores às dos demais colegas com a mesma idade, decorrentes de qualquer tipo de necessidade especial: física, sensorial, psíquica e intelectual ou qualquer combinação entre elas.

8. *A superação da distância entre as gerações* por meio de uma educação de adultos baseada na alfabetização tecnológica de tal população.
9. *A criação e o desenvolvimento de comunidades virtuais.* Tais comunidades exigem a produção de conhecimentos e o desenvolvimento do papel ativo nos processos de ensino-aprendizagem, ao contrário da mera recepção das informações.
10. *Fundamentar e unificar critérios para a criação de um novo modelo de educação* permanente por meio das tecnologias da informação e da comunicação.

O uso das tecnologias tem um papel relevante no desenvolvimento econômico, social, cultural e educacional de uma sociedade. Estes meios possibilitam novas oportunidades de aprendizagem e o desenvolvimento de uma educação multicultural, intercultural e permanente.

Para que a inserção das tecnologias desenvolva espaços de formação permanente, necessitamos de uma alfabetização tecnológica que gere uma democratização dos processos de ensino-aprendizagem. A alfabetização tecnológica implica não somente a capacitação instrumental das tecnologias, mas também a aquisição de competências necessárias para a geração de aprendizagens significativas e úteis para os cidadãos.

IMPORTÂNCIA DA EDUCAÇÃO PERMANENTE NA UNIÃO EUROPEIA

A União Europeia tem entre suas prioridades o fomento à educação ao longo da vida, para o aperfeiçoamento das qualificações e a aquisição e atualização de conhecimentos, aptidões e habilidades.

No Conselho Europeu de Luxemburgo, realizado em novembro de 1997, iniciou-se a estratégia europeia para o emprego. Ela se baseia em quatro pilares: empregabilidade, espírito empreendedor, capacidade de adaptação e igualdade de oportunidades. A capacitação profissional adaptada ao contexto e às competências específicas para a melhoria da empregabilidade podem ser alcançadas por meio da educação permanente.

No Memorando sobre a Aprendizagem Permanente (2000), as mensagens-chave sugerem que uma estratégia integrada e coerente de aprendizagem permanente deve:

- Garantir o acesso universal e contínuo à aprendizagem, para a obtenção e renovação das qualificações.
- Aumentar visivelmente o investimento em recursos humanos.
- Desenvolver métodos e ambientes eficazes de ensino e aprendizagem para o fomento da aprendizagem ao longo da vida.
- Melhorar os modos de compreender e valorizar a participação na aprendizagem e seus resultados, sobretudo na aprendizagem não formal e informal.
- Fazer com que todos os cidadãos da Europa, ao longo de sua vida, possam ter acesso fácil às informações e ao assessoramento sobre as oportunidades de aprendizagem.

- Oferecer oportunidades de aprendizagem permanente tão próximas dos interessados quanto possível e com o apoio das tecnologias da comunicação.
- Alcançar níveis gerais de educação e qualificação mais elevados, mediante uma educação e qualificação de alta qualidade.
- Motivar e equipar as pessoas para uma participação mais ativa em todas as esferas da vida pública, política e social.

Os Estados-membros da União Europeia, as instituições europeias, o mundo empresarial e as autoridades regionais e locais investem na aprendizagem permanente para todos, para as pessoas que trabalham e para aquelas que precisam se formar, a fim de aumentar ao máximo suas chances de inserção no mercado de trabalho.

O objetivo comum é a construção de um espaço europeu de formação permanente para que se consiga desenvolver ao máximo o capital humano, mediante o desenvolvimento das potencialidades, contribuindo para a garantia da aquisição das capacidades dos cidadãos de adaptação às transformações impostas pelo mercado e nos novos métodos de trabalho.

A Comissão Europeia (2001), em seu documento *Tornar realidade um espaço europeu de Aprendizagem Permanente* deixa claro que a aprendizagem permanente é necessária para que os cidadãos adquiram os conhecimentos e as aptidões necessárias para vencer os desafios da nova sociedade do conhecimento.

No Conselho Europeu de Mercado e no contexto da Estratégia Europeia de Emprego, os Estados-membros decidiram desenvolver e aplicar estratégias coerentes e globais para a aprendizagem permanente. O objetivo é pôr ao alcance de todos os europeus sistemas de aprendizagem de qualidade.

No ano de 2006, a Europa destaca a importância das "Competências-chave para a Aprendizagem Permanente" por meio da Recomendação do Parlamento Europeu e do Conselho.

Recomenda-se o desenvolvimento da oferta de competências-chave para todos, no contexto de suas estratégias de aprendizagem permanente, e a utilização das "Competências-chave para a aprendizagem permanente, dentro de um sistema de referência europeu", como instrumento de referência para garantir que:

1. Vele-se pela educação e pela formação iniciais, pondo à disposição dos jovens os meios para o desenvolvimento das competências-chave, preparando-os para a vida adulta e profissional e para a aprendizagem complementar.

2. Tomem-se medidas para que os jovens que necessitam de um apoio especial possam desenvolver seu potencial educativo.
3. Possa-se desenvolver e atualizar as competências-chave dos adultos ao longo de suas vidas, nos contextos nacional, regional ou local.
4. Estabeleçam-se as infraestruturas adequadas para a educação e a formação dos adultos, garantindo a igualdade de acesso tanto à aprendizagem permanente como ao mercado de trabalho.
5. Mantenha-se a coerência entre a oferta de educação e formação para adultos e as políticas de emprego, sociais, culturais e de inovação.

O Parlamento Europeu e o Conselho da União Europeia (2006) estabeleceram um programa de ação no âmbito da educação permanente, denominado "Programa de Aprendizagem Permanente". Mediante a aprendizagem permanente pretende-se que a União Europeia transforme-se em uma sociedade do conhecimento avançada, com um desenvolvimento econômico sustentável e uma maior coesão social, estimulando o intercâmbio, a cooperação e a mobilidade entre os sistemas de educação e formação.

O Programa de Aprendizagem Permanente terá os seguintes objetivos específicos:

a) Contribuir para o desenvolvimento de uma aprendizagem permanente de qualidade e promover elevados níveis de qualidade, a inovação e a dimensão europeia nos sistemas e nas práticas nesse âmbito.
b) Apoiar a realização de um espaço europeu de aprendizagem permanente.
c) Ajudar a melhorar a qualidade, a acessibilidade e as oportunidades de obtenção de uma aprendizagem permanente.
d) Reforçar a contribuição da aprendizagem permanente à coesão social, à cidadania ativa, ao diálogo intercultural, à igualdade entre os homens e as mulheres e à realização pessoal.
e) Ajudar na promoção da criatividade, da competitividade, da empregabilidade e do crescimento de um espírito empreendedor.
f) Favorecer uma maior participação na aprendizagem permanente de pessoas de todas as idades, incluídas as que têm necessidades especiais e as pertencentes a grupos desfavorecidos, independentemente de seu nível socioeconômico.
g) Promover a aprendizagem de idiomas e a diversidade linguística.
h) Apoiar o desenvolvimento, no âmbito da aprendizagem permanente, de conteúdos, serviços, pedagogias e práticas inovadoras baseadas nas tecnologias da informação e da comunicação.

i) Reforçar a capacidade de aprendizagem permanente para criar um sentimento de cidadania baseado na compreensão e no respeito aos direitos humanos e à democracia, bem como fomentar a tolerância e o respeito em relação aos demais povos e às outras culturas.
j) Promover a cooperação em matéria de garantia de qualidade em todos os setores da educação e da formação.
k) Estimular o aproveitamento máximo dos resultados e produtos e dos processos inovadores e promover o intercâmbio das boas práticas, a fim de aprimorar a qualidade da educação e da formação.

Na recomendação do Parlamento e do Conselho Europeu (2006) sobre as competências-chave para a aprendizagem permanente, recomenda-se aos Estados-membros "desenvolver a oferta de competências-chave para todos, no contexto de suas estratégias de aprendizagem permanente e utilizá-las para a aprendizagem permanente em um sistema de referência europeu".

O Programa de Aprendizagem Permanente 2007–2013 (PAP) pretende contribuir para a criação de uma sociedade do conhecimento. Ele é o principal mecanismo de financiamento europeu no campo da educação e da formação e cobre a aprendizagem desde a infância até a terceira idade. Ele substitui os programas Sócrates, Leonardo da Vinci e *E-learning* e financia projetos e atividades que estimulem o intercâmbio, a cooperação e a mobilidade entre os sistemas de educação e formação dentro da União Europeia.

Este programa compreende quatro subprogramas:

- O *Programa Comenius*, que atende às necessidades de ensino e aprendizagem de todos os participantes na educação infantil, primária e secundária, bem como dos centros e das organizações que proporcionam essa educação.
- O *Programa Erasmus*, que atende às necessidades de ensino e aprendizagem de todos os participantes do ensino superior formal (incluídos os estágios internacionais de estudantes em empresas), bem como dos centros e das organizações que propiciam ou facilitam essa educação e formação.
- O *Programa Leonardo da Vinci*, que atende às necessidades de ensino e aprendizagem de todos os participantes na formação profissional, bem como dos centros e das organizações que propiciam ou facilitam essa educação e formação.
- O *Programa Grundtvig*, que atende às necessidades de ensino e aprendizagem de todos os participantes em todas as formas de educação de adultos, bem como dos centros e das organizações que propiciam ou facilitam essa educação e formação.

Já o programa transversal é composto por quatro atividades-chave:

- Atividade-chave 1: a cooperação política e a inovação em matéria de aprendizagem permanente.
- Atividade-chave 2: a promoção da aprendizagem de idiomas.
- Atividade-chave 3: o desenvolvimento de pedagogias, práticas, conteúdos e serviços de aprendizagem permanentes, inovadores e baseados nas tecnologias da informação e da comunicação.
- Atividade-chave 4: a difusão e o aproveitamento dos resultados das atividades subvencionadas e amparadas pelo Programa de Aprendizagem Permanente e de programas anteriores afins, bem como o intercâmbio das boas práticas.

A Associação Europeia de Autoridades Regionais e Locais para a Aprendizagem ao Longo da Vida (EARLALL) foi criada em 2011, sob iniciativa da Região da Toscana. A Associação atualmente conta com 22 autoridades regionais e locais e sua finalidade é ter um peso específico próprio na política educativa europeia, assim como cooperar com projetos relacionados com a aprendizagem ao longo de toda a vida.

A Comissão Europeia, no ano de 2008, por meio do documento "O uso das TIC como ferramentas de inovação e aprendizagem permanente", informa sobre a forma pela qual o uso do *e-learning* vem se desenvolvendo na Europa desde a Estratégia de Lisboa.

São três as conclusões apresentadas no documento:

1. O impacto das TICs na educação e na formação não tem sido tão grande como havia sido previsto.
2. A incorporação das TICs nos sistemas de educação e de formação exige mais transformações em termo de ambientes tecnológicos de ensino e aprendizagem formal, informal e no âmbito do trabalho, embora este fato ainda não tenha se materializado.
3. As tecnologias têm um grande potencial para o desenvolvimento da "aprendizagem contínua", aos quais ajudam na implementação da aprendizagem permanente formal, informal e no âmbito trabalhista, embora este fato ainda não esteja concretizado.

As tecnologias da informação e da comunicação estão beneficiando os processos de ensino-aprendizagem na educação superior, mas seu potencial não tem sido bem aproveitado como instrumento eficaz para a aprendizagem a distância, a mobilidade virtual, o desenvolvimento profissional e a aprendizagem permanente.

As tecnologias oferecem novas perspectivas de formação, mas o descompasso digital provoca a exclusão social, impossibilitando o acesso à informação, ao conhecimento e, portanto, à inclusão social. A alfabetização digital é imprescindível para o desenvolvimento profissional, o lazer e o desenvolvimento pessoal, chave para a aprendizagem em geral e básica para a educação e a formação por meio das tecnologias.

O desenvolvimento de conteúdos educativos de qualidade por meio da internet é outro desafio ainda não alcançado na Europa. Os programas eContent[1]/eTEN37[2] e eContentplus buscaram responder à necessidade de desenvolver conteúdos digitais de qualidade para a educação. O programa eContent, para o período 2001–2004, foi seguido pelo programa eContentplus (2005–2013), um programa europeu que visa o desenvolvimento de conteúdos digitais mais acessíveis e mais fáceis de utilizar.

Atualmente, o Programa Geral de Competitividade e Inovação (CIP)[3] surge como resposta à demanda por uma maior coerência entre os programas comunitários e os instrumentos mais relevantes da estratégia de Lisboa. Este programa (2007-2013), que é paralelo ao VII Programa Geral, promoverá a adoção das TICs pelas empresas, pela administração e pelos serviços do setor público. Essas ações vinham sendo financiadas anteriormente pelos programas eTEN, eContent e MODINIS[4]. Elas também servirão como meio para as ações de apoio identificadas dentro de uma nova iniciativa i2010[5].

O uso das tecnologias facilitará as possibilidades de inovação nos processos de ensino-aprendizagem e a geração de novos espaços virtuais de formação.

As redes sociais criadas por meio das novas tecnologias otimizam e motivam a conectividade e oferecem oportunidades de aprendizagem ao longo da vida, mas são necessárias metodologias inovadoras que organizem a aprendizagem por meio da internet e contribuam para a melhoria da formação, para a empregabilidade, para o desenvolvimento pessoal e social com a participação ativa dos cidadãos.

As necessidades de aprendizagem vêm se transformando e são necessárias novas competências para nos adaptarmos ao mercado de trabalho e à sociedade, com o uso do *e-learning*, criando mais pontes de comunicação e cooperação, para o desenvolvimento de uma sociedade competitiva, por sua construção colaborativa de conhecimentos e por meio de uma rede europeia de aprendizagem permanente.

NOTAS

1 O programa eContent buscava fomentar o desenvolvimento de conteúdos digitais europeus inovadores. http://cordis.europa.eu/content/
2 O programa eTEN apoiava a instauração e a independência transeuropeia de serviços e aplicativos baseados nas TICs. Veja http://ec.europa.eu/information_society/activities/eten/index_en.htm
3 Programa Geral de Competitividade e Inovação (2007–2013). http://www.cordis.lu/innovation/en/policy/cip.hm
4 O programa MODINIS proporcionava apoio direto a atividades de avaliação comparativa, estudos, fóruns e ações de promoção e sensibilização que contribuíam para a aplicação do eEuropa. http://europa.eu/legislation_summaries/information_society/12426c_es.htm
5 Com o i2010, a Comissão aborda, de maneira integrada, a sociedade da informação e as políticas audiovisuais na União Europeia. Seu propósito é a coordenação da ação dos Estados-membros para facilitar a unificação digital e enfrentar os desafios relacionados com a sociedade da informação. http://europa.eu/legislation_summaries/employment_and_social_policy/job_creation_measures/c11328_es.htm

REFERÊNCIAS

CABERO ALMENARA, J. (1998): "Impacto de las nuevas tecnologías de la información y la comunicación en las organizaciones educativas", en LORENZO, M. y otros (Coords.): *Enfoques en la organización y dirección de instituciones educativas formales y no formales.* Granada: Grupo Editorial Universitario, p. 197-206.

COMISIÓN EUROPEA (2000): *Memorándum sobre Aprendizaje Permanente.* Bruselas, 30.10.2000. SEC 1832.

______. (2001): *Hacer realidad un espacio europeo del aprendizaje permanente.* Bruselas. 21-11-2001.

______. (2008): *The use of ICT to support innovation and lifelong learning for all - A report on progress.* Bruselas.

DAVIS, D. (2002): "La competencia del aprendizaje permanente en el siglo XXI: un programa". En TEARE, R., DAVIES, D. y SANDELANDS, E. (2002): *Organizaciones que aprenden y formación virtual.* Barcelona: Gedisa, p. 92.

DELORS, J. (Coord.) (1996): *La educación encierra un tesoro. Informe a la UNESCO de la Comisión Internacional sobre la educación para el siglo XXI.* Madrid: Santillana.

FAURE, et. aI. (1973): *Aprender a ser. La educación del futuro.* Madrid: Alianza.

GARCÍA ARETIO, L. RUIZ, M. y DOMINGUEZ, D. (2007): *De la educación a distancia a la educación virtual.* Barcelona: Ariel.

LEGRAND, P. (1973): *Introducción a la educación permanente.* Barcelona: Teide. LÓPEZ-BARAJAS ZAYAS, E. (2006): "La educación permanente (Life Long Learning)". En LÓPEZ-BARAJAS ZAYAS, E. (Coord.): *Estrategias de formación en el siglo XXI.* Barcelona: Ariel.

ORTEGA NAVAS, M.ª C. (2006): "La educación permanente en contextos no formales".

En LÓPEZ-BARAJAS ZAYAS, E. (Coord.): *Estrategias de formación en el siglo XXI.* Barcelona: Ariel.

ORTEGA SÁNCHEZ, L (2006): "Alfabetización Tecnológica y emocional". En LÓPEZ-BARAJAS ZAYAS, E. *Estrategias de formación en el siglo XXI.* Barcelona: Ariel.

______. (2007): "Principios organizativos y pedagógicos para el diseño de un modelo de formación virtual". En JERÓNIMO MONTES, J. A.: *Aprendizaje en red, en busca de la comunidad virtual.* México: UNAM, p. 151-165.

PARLAMENTO EUROPEO Y EL CONSEJO DE LA UNIÓN EUROPEA: (2006): Decisión n.º 1720/2006/CE del Parlamento Europeo y del Consejo, de 15 de noviembre de 2006, por la que se establece un Programa de Acción en el ámbito del aprendizaje permanente [Diario Oficial L 327 de 24.11.2006].

PARLAMENTO EUROPEO Y EL CONSEJO DE LA UNIÓN EUROPEA: (2006): Recomendación del Parlamento Europeo y del Consejo, de 18 de diciembre de 2006, sobre las competencias clave para el aprendizaje permanente [Diario Oficial L 394 de 30.12.2006].

Marco europeo para la validación de las competencias no formales e informales. Declaración de Copenhague de 30 de noviembre de 2002.

REQUEJO OSORIO, A. (2006): "Políticas y estrategias en la Unión Europea". En LÓPEZ-BARAJAS ZAYAS, E. (Coord.): *Estrategias de formación en el siglo XXI.* Madrid: Ariel.

ROIG VILA, R. (2007): "Internet aplicado a la educación". En CABERO ALMENARA, J. (Coord.): *Nuevas tecnologías aplicadas a la educación.* Madrid: McGrawHill, p. 223-243.

______. (2002): *Las Nuevas Tecnologías aplicadas a la educación. Elementos para una articulación didáctica de las Tecnologías de la Información y la Comunicación.* Alcoy: Marfil.

SEVILLANO GARCÍA, M. L. y BARTOLOMÉ CRESPO, D. (1998): *Enseñanza-aprendizaje con medios de comunicación y nuevas tecnologías.* Madrid: UNED.

TRILLA, J. (1990): Introducción al documento: "La Ciudad Educadora". Ayuntamiento de Barcelona. I Congreso Internacional de Ciudades Educadoras. Pág. 13.

UNESCO (1977): Actas de la Conferencia General XIX. Reunión Nairobi 1976. Paris: UNESCO.

______. (1997): *V Conferencia Internacional sobre Educación de Adultos.* Hamburgo, Alemania; Informe Final: UNESCO. CONFINTEA V.

UNIÓN EUROPEA. RECOMENDAOÓN DEL PARLAMENTO EUROPEO Y DEL CONSEJO de 18 de diciembre de 2006 sobre Las Competencias clave para el Aprendizaje Permanente (2006/962/CE).